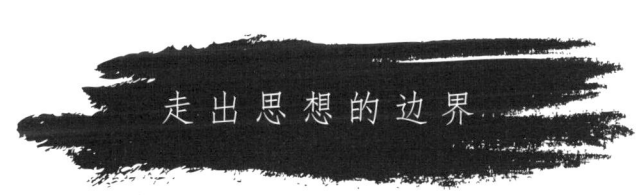

走出思想的边界

knowledge-power
读行者

著作财产权人：©东大图书股份有限公司

本著作中文简体字版由东大图书股份有限公司许可中南博集天卷文化传媒有限公司在中国大陆地区发行、散布与贩售。

未经著作财产权人书面许可，禁止对本著作之任何部分以电子、数位、影印、录音或任何其他方式复制、转载或散播。

钱穆 作品

中华文化十二讲

岳麓書社·长沙　博集天卷

目 录

钱穆作品精粹序 /001
序 /001

一　中国文化的中心思想——性道合一论 /001
二　中国文化中的人和人伦 /018
三　中国文化中理想之人的生活 /037
四　民族与文化 /053
五　中国文化的进退升沉 /066
六　中国文化与世界人类的前途 /077
七　中国文化中的最高信仰与终极理想 /090
八　中国文化中的中庸之道 /109
九　前途的展望 /126
十　中国文化中的武功与武德 /131
十一　中国历史上的军人 /141
十二　历史上之人与事与理 /150

钱穆作品精粹序

钱穆先生身处中国近代的动荡时局，于西风东渐之际，毅然承担起宣扬中华文化的重任，冀望唤醒民族之灵魂。他以史为轴，广涉群经子学，开辟以史入经的崭新思路，其学术成就直接反映了中国近代学术史之变迁，展现出中华传统文化的辉煌与不朽，并撑起了中华学术与思想文化的一方天地，成就斐然。

三民书局与先生以书结缘，不遗余力地保存先生珍贵的学术思想，希冀能为传扬先生著作，以及承续传统文化略尽绵薄。

自一九六九年十一月迄于一九九一年十二月，二十多年间，三民书局总共出版了钱穆先生长达六十余年（一九二三至一九八九）之经典著作——三十九种四十册。兹序列书目及本局初版日期如下：

中国文化丛谈　　　　　　　　　（一九六九年十一月）
中国史学名著　　　　　　　　　（一九七三年二月）

文化与教育	（一九七六年二月）
中国学术思想史论丛（一）	（一九七六年六月）
国史新论	（一九七六年八月）
中国历代政治得失	（一九七六年八月）
中国历史精神	（一九七六年十二月）
中国学术思想史论丛（二）	（一九七七年二月）
世界局势与中国文化	（一九七七年五月）
中国学术思想史论丛（三）	（一九七七年七月）
中国学术思想史论丛（四）	（一九七八年一月）
黄帝	（一九七八年四月）
两汉经学今古文平议	（一九七八年七月）
中国学术思想史论丛（五）	（一九七八年七月）
中国学术思想史论丛（六）	（一九七八年十一月）
中国学术思想史论丛（七）	（一九七九年七月）
历史与文化论丛	（一九七九年八月）
中国学术思想史论丛（八）	（一九八〇年三月）
湖上闲思录	（一九八〇年九月）
人生十论	（一九八二年七月）
古史地理论丛	（一九八二年七月）
八十忆双亲·师友杂忆（合刊）	（一九八三年一月）
宋代理学三书随札	（一九八三年十月）
中国文学论丛	（一九八三年十月）
现代中国学术论衡	（一九八四年十二月）
秦汉史	（一九八五年一月）
中华文化十二讲	（一九八五年十一月）
庄子纂笺	（一九八五年十一月）

朱子学提纲	（一九八六年一月）
先秦诸子系年	（一九八六年二月）
孔子传	（一九八七年七月）
晚学盲言（上）（下）	（一九八七年八月）
中国历史研究法	（一九八八年一月）
论语新解	（一九八八年四月）
中国史学发微	（一九八九年三月）
新亚遗铎	（一九八九年九月）
民族与文化	（一九八九年十二月）
中国思想通俗讲话	（一九九〇年一月）
庄老通辨	（一九九一年十二月）

二〇二二年，三民书局将先生上述作品全数改版完成，搭配极具整体感、质朴素雅、简洁大方的书封设计，期能以全新面貌，带领读者认识国学大家的学术风范、思想精髓。

谨以此篇略记出版钱穆先生作品缘由与梗概，是为序。

三民书局

东大图书

谨识

序

我去年八月曾在空军松山基地做过一次讲演，十月来台定居。十一月又赴空军各基地做巡回讲演凡八次，以中国文化为中心分讲八题。"空军总部政治作战部"整理各次录音，送我校改，集为一书。并增附我在"三军联合参谋大学""海陆空三军官校"及"陆军第二集团军官团"分讲三题，取名《中华文化十二讲》。

讲述文化，必从两方面入手。一则文化千头万绪，必从其各方面各部门分别探究，而认识其相互汇通，以合成一大体系。二则文化非一成不变，必从其历史演进中分别探究其随时因革损益，以见其全体系之进向与其利弊得失、长短轻重之所在。我在对日抗战时期曾写《中国文化史导论》一书，即从以上两点着眼。

港居之后，初次来台，曾在"师范大学"及"陆总政战部"做过两番连续性讲演，均记录成书，一为《文化学大义》，一为《中国历史精神》。嗣又在"国防研究院"讲"民族与文化"，亦将讲演记录成书。此次空军讲演，乃我对中国文化做有系统讲演之第四次。每次所讲内容，均从某一角度，偏重在某一方面发挥。虽可相通互足，而其着眼与侧重点则并不全同。读我此十二讲者，倘能再看我以前之各集，庶于我所阐说有一更完备之了解。

我此次遍历空军各基地，获与各地官长士兵接触，参观其各项设备与活动，深信我空军健儿精神饱满，志气壮旺。并使我更益深信我中华传统文化精义，实无背于时代潮流，而仍有其更高更大之启示。即以我所目睹之空军生活而言，亦可有不少之例证。

我常爱读唐以下各派禅宗祖师与宋明理学诸儒之语录，尤其关于心性修养方面，认为此乃我中华文化传统精要所在。此次历经空军各地，虽属匆促，却觉空军生活实有堪与禅宗理学之所揭示相证发者。从前禅宗及理学家修心养性，有一共通主要之点，厥为空诸所有，系心一处。理学家说"敬"说"静"，敬即教人随时随地心主一处，静则教人心主于一，更不为其他外物所动。理学家所反对于禅宗者，禅宗祖师只求系心一处，而不复求此心之用。故理学家谓之有体而无用。心系一处是为体，此心落于空虚则无用。故又谓其弥近理而大乱真。今我所睹空军生活，其实亦是要系心一处，然而却是系在一真实有大用处。试问驾驶飞机，升空临敌，在个人则是一死生关头，在国家民族、文化传统则是一存亡绝续关头，岂止军事上之或胜或败而已。若非心在一处，焉能胜任而愉快。

我观空军各休憩室，均称待命室。一当命下，即有紧急之动作随之，其间不容以瞬。孔子曰："不知命，无以为君子。"人生实各有一大责任、一大使命。若我们知得有此大命在身，自然会无朝无夕、无作无息，而此心常主在此。常动即是常静，常静即是常动。动静一致，使此生命永恒圆满，无亏欠，无间断，此乃人生最高境界，亦即人生最高理想。

空军某一军官告我说："每一基地，地勤空勤，各有分职，而莫不紧密相关，联成一体。若一人一职疏失，即可影响到全体之各部。"我又参观某一基地，其士兵终日夜坐暗室中监视雷达，稍有踪影，即遍告各地。其所任职务，极单纯，又极严肃。若论其部队之本身生活，则可谓干枯之至。然其在全军中之任务，则实是机动之至。空军后方如前线，平时如战时，故能使其全部队人具有紧密联成一体之警觉。使人人各自系心一处，而其各别系心之处则相互会合，融成一体，而后可以完成全体空军之一大使命。

我又参观空军驾机升空之种种衣装设备。在其一身，自顶至踵，几成一机器人。其机上座位四周，则完全是一机器世界。人则在此机器世界中，全仗一心指挥运使。科学愈进步，机械愈发展，在此愈益唯物之环境中，乃愈见心灵活动之重要。物则依心为主，心则与物为体。宋儒"万物一体""民吾同胞，物吾与也"之格言，在空军生活中，岂不更易具体指陈其内涵意义之真实性？

我因此次到空军各基地，遂更亲切悟到中国禅宗与宋明理学家所发挥之心性修养，实非仅在深山寺庙与私人书斋中一番闲谈论、闲工夫。即使现代最机械、最紧张的斗争场合中，依然同样需此训练，合此教义。空军如此，海军、陆军事可例推。军队如此，工商实业界亦可例推。军事与经济如此，政治、教育乃及其他一切文化要项，同样亦可例推。要言之，中国历史上唐、宋、元、明四代禅宗理学家所言心性修养工夫，既可通之现代最机械、最紧张之空军生活，岂有不能通之其他职务乃及一应日常人生之理？我中华文化传统中所言之心性修养，更当上溯之于先秦儒、道两家，而更主要者则为孔、孟教义，此诚我中华文化主要精义所在。只要我们每一人从其各自岗位上，能善加体会，善加推扩，上达至于全民族全人类之文化大体系上，而心知其意，则凡我中华先民先哲之所启示，其在人类心性精微处，在人类生活广大处，早已提纲挈领，抉发出其大义，揭露出其要旨，为我们奠下了一基础，指示了一大道。

莫要说我们今天该是一民主社会了，其实民主社会仍需要此一套人生之大理论与大方向。莫要说我们今天该是一科学时代了，其实科学时代亦仍需要此一套人生之大理论与大方向。而要走上此大方向，实现此大理论，则有待于我国人各自有其一番心性修养。唯此，最为我中华文化传统对全世界、全人类文化前途有其大贡献之处。我此十二番讲演所特别着眼、注重之点，亦正在此一角度上。因此在本书出版之前，即本我此次演讲时亲所悟得，略加阐说，以备关心文化复兴一大任务者，继此作为共同进一步之研究。

我此讲演集之得以问世，首当对"空总政战部"之邀约，及其录音整理成为初稿，以及其代为出版诸事，敬致我衷诚之谢意。

一九六八年七月二十四日钱穆识于台北金山街寓庐

一　中国文化的中心思想——性道合一论

今天我感觉得非常荣幸，也非常高兴，能借此机会在空军八个基地做一次巡回讲演。我最高兴同军人讲话，因为我们国家民族前途的重大责任，主要就在我们军人身上。特别是空军，虽在后方，实如在前线。虽在平时，亦如在战时。大后方社会平安和空军息息相关。我能来此讲话，自感无上兴奋。

而且我们自大陆来到台湾，一切进步中最大的进步就在军方。尤其是一般军人对于学术知识方面的追求，这种风气已表现了很好的成绩，这是大家公认的事，亦是向所未有之事，我当先向诸位亲致十分诚恳的敬意。

我们可以说，我们国家在近几十年来遭受到种种困厄灾祸，其最大原因，正为国人失却自信，不自尊重，把自己文化传统看得太轻了，甚至对自己文化产生一种轻蔑而排斥的心理，这是一切原因中之最大主要的原因。文化能复兴，国家民族才会有希望，有前途。

任何一个国家民族，它能绵延繁衍，必有一套文化传统来维系，来推动。倘使一民族本身无文化，专待学别人，其前途必有限，其希望亦黯淡。我们是自己有文化，而且这一套文化又发展得很深厚，很博大，很精密，深入人心，牢不可拔，一旦要全部丢掉去学他人，其事更难。所以我们必须自尊自发，大家一致同心，来响应复兴中国文化这一伟大的号召，这是有关国家民族将来前途最基本所在。

我这一次来到空军八个基地讲演，讲题只集中在复兴中华文化一问题上。分讲八次，今天是第一次。希望此八次讲演能有一个系统，来表达我个人对此问题的看法。

（一）

首先我们要问什么叫文化，第二我们要讲清楚中国文化之主要特质是什么，而后我们才能来讲如何复兴。

一般讲文化的都认为文化就是人生，但此所谓人生，并不指我们个人的人生，而是指的群体的人生。人生是多方面的，一个社会，乃至一个民族、一个成群的大团体所包有的多方面的生活，综合起来称人生，也就是文化。

"文化"这两个字，本从英文翻来。在西方，有了一个新观念，便会创造一个新名词。在无此名词之前，可证他们也无此观念。我们译的"文化"二字，英文是civilization，此字从希腊文变出，大意是指一种偏近城市生活而可互相传播者而言，因此其意义所指不免偏重在物质方面。如说电灯，不是世界各地同时有电灯，一定从某一地开始，再传播到另外一地去，这就是civilization。英国比较是近代物质文明最先起的国家，有轮船，有火车，有纺织机，一件一件的新东西，影响到世界人类的生活。他们创造这一新名词，殊足自傲。但在当时，德国人就不满意这个字，因德国的现代物质新生活比较后起，多半从外面传来。德国人不满意此字，便另造一新字称culture。这字也从希腊文变出，比较是指偏近田野农作方面，如一切植物般，有它自己的生命和生长。这是说一切人的生活和文化，主要不从外面传来，却从自己内里长出，有它本身的生命。这两字流传到中国，我们把civilization一字翻作文明，把culture一字翻作文化。这两字也可通用，有时说civilization文明即是culture文化，不必细分。但若细分来说，却更具意义。

我们用来翻译的文明、文化两字，在中国古经典里自有来源。《易经·贲卦》的《彖辞》说："刚柔交错，天文也。文明以止，人文也。观乎天文以察时变，观乎人文以化成天下。"《小戴礼记·乐记》篇亦有："情深而文明"之语。可见"文化""文明""人文"这三个字，本出于中国古经典，但用来翻译近代西方新起的观念，却恰相符合。

现在先说中国人如何讲人文。《说文》上说："物相杂谓之文。"那"文"字正如现代白话说"花样"。人生是有种种不同的花样的。如有男人，有女人，这就是天地生人一大花样。又如有年老人、年轻人，这又是人生中的一花样。天地生人，只生的一个一个人，但人却从此种种花样中来化成一个天下。天下便是人生一最大群体。人生群体不由天生，乃由人自己化来。如家庭与国与天下，这都是人类文化中自己化成的。天生人有男有女，可说是自然的。但由男女化成为夫妇，这便是人文，是文化了。天地只生男女，并没有生夫妇。禽兽草木都有雌雄，都有男女，但并没有夫妇。男属刚性，女属柔性，所以说："刚柔交错，天文也。"这是天生的花样，是自然的花样。人类根据这一个自然花样来化成了一对对的夫妇，又从夫妇化成为家庭，再扩大地化成为国，为天下，这些不是自然，而是人文。但人文究从自然中演出。倘使没有了男女，试问何从有夫妇？我觉得中国古人创出这"人文""文化"两字，是有一套极深的观念在里面。

至于"文明"二字，用中国古人讲法，是说那些花样要使它明显化。如男女分别，要它表现得明显，并能停止在那明显的花样上，则莫过于创出婚姻制度，便是文明。故文明实即是人文。《小戴礼记》说："情深而文明。"是说男女情深，那夫妇关系便更明显。野蛮、黑暗、未开化的社会，可以无夫妇，可以夫妇关系不明显，只因夫妇相互情不深，而不能停止在他们的夫妇关系上。这些是中国古人观念，至今已两千多年。我们可以说，西方有西方人的观念，即其想法和看法。中国有中国人的观念想法和看法。从这些观念上想法和看法上的不同，慢慢就形成为东西文化之不同。

刚才讲过"文化"一观念，是近代西方一个新观念，因为civilization这字乃是近代西方新创的字。也可说，从前的西方人，只知有政治、经济、军事、外交、法律，以及宗教、艺术、文学、哲学等一切，但对人类大群体的生活，没有一个涵盖一切的名词，像"文化"，亦即是没有这观念。到近代，西方人才开始有文化一观念。最近一百年来，几乎大家都喜欢讲文化一语。但在中国古人，很早便有这文化的观念，即是超出于政治、经济、军事、外交、法律以及宗教、艺术、文学、哲学一切之上，对于人类大群体生活早有一个涵盖一切的观念了。

（二）

今要问：除却上引《易经·贲卦·彖辞》这一段话之外，在中国是否有一个字可以用来明白表达出这一观念呢？我想是有的。中国人对"文化"二字的观念，常把一"道"字来表达。道，便是指的人生，而是超出人生一切别相之上的一个综合的更高的观念，乃是指的一种人生之共相。政治要有道，外交也要有道，军事也要有道，法律也要有道，一切别相人生，都要有一道。男女相交也要有道，就是结婚为夫妇。成了夫妇以后，夫有夫道，妇有妇道。养了儿女，父母有父母之道，儿女有儿女之道。中国人这个"道"字，可说即相当于近代西方人的"文化"二字，而实已超出之。如说"大道之行也，天下为公"这一句话，如翻成现代语，"大道之行"四字，即是说世界人类已共同到达了一个最合理想最伟大的文化境界。"道"不能仅照字面翻说一条路，把"大道"二字说成现在语，实该说作"理想文化"一语乃恰当。

由此可知中国人讲的道，实已超出了西方人所讲的文化，而中国人三千年前早已如此讲了。西方人在现代物质文明方面的发明，只在两三百年以内。有了"文明"二字，才有"文化"二字。可是中国人在三千年前便有了"道"之一字，这足证明中国民族之伟大，亦即是中华文化之伟大。

中国人讲道，与近代西方人讲文明文化，却有一分别。西方人讲文明文化，只讲的人生外相，中国人称此为象，即现象，那是表现在外面，人所看得见的，所谓形而下。如最近西方人来台湾，他们都说中国进步了，进步在哪里？这都指的道路、交通、建筑、生产，种种物质设备等现象，故知他们只看重表现在外边的。而中国人讲道，是指的人生本体，有其内在之意义与价值。西方人只看外面现象，没有一个更深的人生意义和更高的人生价值的观念包含在里面。那就是不论意义，不论价值，就人生论人生，就现象论现象，不比中国人讲道，必有一个意义和价值在内。

更深一层讲，近代西方观念，似乎只认为有了火车、轮船、电灯、电话，种种物质文明之发现，便可把全世界人类化成一体，化成为一个天下了。但中国古人观念，则注重在人类内心相互间之感通上，认为如把男女化成夫妇般，如此推去，才能把世界人类大群化成一体，成为一个天下。所以他们说文化传播，我们则说大道之行，在此一观念之分歧上，便形成了中西文化之两型。

（三）

以上是把中国的语言文字来说明中国人观念，再拿中国人观念与西方观念相比，这是同中求异。见其异，才可从此异处来批评其是非得失。但讨论文化，既要同中求异，亦要异中求同。今再论人类文化同处在哪里？人生贵能扩展，扩展便成社会。又贵能绵延，绵延便成历史。社会求其能大，历史求其可久，此乃人类文化一共同趋向。中国社会到今已拥有六七亿人口，所占土地比整个欧洲还大，而历史绵延则在四五千年以上，比任何一个现代国家长得多。此可大可久之最后综合体，即是天下。即由此一观点，也可说明中国文化之合理与伟大处。

有好多人曾问我，能不能简单用几个字或一句话扼要说明中国文化之中心思想及其主要特质之所在，我想这问题不易回答，但总想要回答，我此刻要大胆地提出四个字一句话，认为是中国文化的中心思想与其主要特质之所在。那四个字是"性道合一"，出典在《中庸》，"天命之谓性，率性之谓道"两句。

现在先讲道，道就是人所行的路，那是形而下，可见的。但人为何该行这路，必有一所以然，那所以然是形而上，不可见的。我们讲话常说"道理"，中国人最重讲道理，便是个识字人也懂要讲道理。如说："你这人讲不讲道理呀！""这是什么道理呀！"道理这两个字，中国人最看重。但把"道""理"二字分开说，便有不同。如说人道，便是人生该行的道，但不能说物道。如说物理，便是该物可以使之然之理，但不能说人理。可见对物只能讲理，不能讲道，和对人不同。如讲天，则有天理，有天道，兼了人物两面。近代西方科学是研究的物理，但没有研究到人道。科学是不讲人道的。若讲人道，便不该发明核子武器。中国文化多讲了人道，但少讲了物理，所以有人说中国文化是重人文的，西方文化是重自然的，这也有道理。我们该说，中国文化看重在人一边，西方文化则看重在物一边。

中国人又常说"道术"，道、术二字同是一条路，故可合称道术。分开用，术是指的技术。讲究物理，最重要还是要讲术，讲究如何驾驭使用各种物的术，甚至可以把物由这样变成为那样。道，是教人从这路的这一端通达到那一端，不是要把人由这样变成为那样。《中庸》说"修道之谓教"。可见中国人观念，教育是一种道而非术。道和术同有一目的，术的目的比较低。如讲军事，要使这场战争得到胜利，这就有战术。至于为什么要有这场战争，这场战争目的何在，这乃是道。必先有了道，才能讲到术。道是先决的，术是次要的。科学上一切发明，一切技术，都属次要。若没有一先决的道，专来讲次要的术，则科学上一切发明，虽也都是真理，但那些真理，可以用来帮助帝国主义、资本主义，也可用来帮助共产主义。只因科学本身没有道，只有理。把这些理表现出来，只是一些术。都是次要的，却不是先决的。如经商，也有种种术，推而至于广告宣传，甚至可以迹近欺骗，这都是术，却可以没有道。若说它亦有道，则只可称之为小道。资本家发展企业，主要目的只为争取利润，为私人打算。至于其供应人生需要，却变成为一手段，所以是小道，不是大道。

中国人讲道，还有正邪之别。有该走的道，有不该走的道，所以说盗亦有道。那些则只是邪道，连小道也说不上。只是一些术，而且亦是邪术。中国文化重道不重术，西方文化似乎有些重术不重道，此又是一分别。

我们再讲性，中国人最看重这个"性"字。孔子讲性相近，孟子讲性善，荀子讲性恶，《三字经》开始便说"人之初，性本善"，中国人特别看重这"性"字，因此有许多探讨，许多争辩。近代中国知识分子读西洋书，不见有这"性"字，于是便说，中国人所谓性，只是西方心理学上所谓的本能。其实此两者决不同。也有人说性就是自然nature，但其间也不同。由中国人想法，只能说性亦自自然中来。人亦是一自然，但在自然中仍有性。一切有生物无生物都是自然，但不害于万物之各有性。性何自来，则由自然来。

《中庸》说："天命之谓性。"这一"天"字，也可说之为自然。依照西方人讲法，科学显与宗教不同，自然显与上帝有别。但照中国人讲法，这两者间却可以相通，并亦无大分别。"性"字的含义中，似有一个动力，一个向往，一个必然要如此的意向。一切有生物，尤其是人，显然有一个求生、好生、重生、谋生的倾向，有一种生的意志，这即是性。人性在大同中有小异。人有人性，物有物性，有生物无生物各有性，此又在性之大同之下有小异。近代西方科学，乃从物性来发明出物理。中国传统文化，则从人性来指示出人道。西方科学家只说自然，中国人则认为物有物性，才始有物理可求。西方宗教家只说上帝，中国人则说天生万物而各赋以性。性是天赋，又可说是从大自然产生，故曰"天命之谓性"。

《论语》里不多讲性，但多讲到命，因性是天所命，知命即就知性了。现代西方人讲生物学、生理学、心理学，都没有讲到性字。心理学里的本能，那绝非中国人讲的性。民国以来，中国知识分子追随西方，多知有心理学，但亦很少来探求人性。但中国传统文化则是最看重人性的。现代西方所讲的心理学，主要从物理学、生理学讲起，如眼睛怎么能看，耳朵怎么能听，主要从身体的机能上来探求。中国古人讲性，超乎物理、生理之上，与西方讲法不同，这也是双方观念不同而产生出文化不同之一例。

以上讲到中国人所极看重的两个观念，一是"道"，一是"性"，这两字要翻成西文翻得恰好则很难。似乎西方人没有这两观念，至少是不重视这两观念。我们则又要把此两观念综合，说成性道合一，此乃中国文化中心思想与其特质所在。一向太看重西方思想的人，对此不免要感到陌生，实则十分易晓。照中国传统想法，只认为人生一切大道必是根源于人性，违逆人性的决不是人道，这说法实极简单，然而是颠扑不破的。

（四）

现在说到人性，中国儒家孟子主性善，荀子主性恶。耶稣教有原始罪恶论，说人类降生就因犯了罪恶。所以一定要信耶稣讲的道，才能赎罪，灵魂才能重回到天国去。这近似荀子一边的讲法。但在中国人想，我的身体也是天给我的，身之内有此心，心里面像有一核子般便是性。不论此性是善是恶，总之人生一切活动，都是根于人性。荀子举出种种证据说人性恶，所以要教育，要法律。若无教育、法律，试问这社会将会向上抑向下？但我们要知，天之生人，只生了人，没有生人的文化和人道。人的一切文化和人道，还是从人自身逐渐发展而来。教育和法律，也是从人自身发展而来。荀子说人之性恶，故要圣人，但圣人岂不亦是从人群中自己发展而来？荀子说法就难通了。

孟子说法便和荀子不同。他举一葬礼来说，他说丧葬之礼本来没有。他推想说，最古的社会，父母死了，便把死尸扔到荒野去。某一天，某一人，偶然跑到扔他父母死尸的所在，看见狐狸和狗在咬死尸的骨，蚊和蝇在吸死尸的血。他看了心有不安，额上泚出汗来。急跑回去，拿些东西来挖一个坑，把他父母死尸埋了。回来和别人讲起这事，别人也想自己也把父母死尸扔在荒野，不免也跑去挖一坑，也把来埋了。这便是葬礼之开始。孟子这一推想很有理。可见葬礼正从人的天性开始。性从哪里见？正从人的心上见。当他看见自己父母死尸在荒野里被狐狸和狗咬，他心里自会感到十分不安。因此不安,他才想出一个方法把死尸埋了。这心之不安,后人称之为孝心,由孝心便有孝道。把尸体埋了,后人称之为葬礼,这便是一种术。因可以有各种葬法,如土葬,如火葬,总之要把死尸做一安排,这一安排之起源则在心。心之所同然则称性。也可说人之对那尸体厌恶便扔出,也是性。那是人先起之性。扔尸体该有一好安排,那是人后起之性。那是人性之继续发现,虽是后起,还是人性。性之继起,却多是趋向于善的。所以中国人后来都信从了孟子的性善论。

当然那最先把死人尸体做妥善安排的人,也只是一平常人,决不是一圣人。但圣人便从平常人中来。圣人先得我心之同然。我心,你心,大家的心,都一样;三千年前人的心,三千年后人的心,还是这样。就因为在人心深处有一性。把此人心同然处表现到恰好之极的是圣人。圣人也只是由自己天性发展而来,并没有其他奇特。此一番理论,有人类文化历史演进之种种事实做根据。最先懂得要埋葬他父母尸体的人,便是先知先觉。继起效法来埋葬他父母尸体的人,是后知后觉。先知先觉发于至诚,此《中庸》所谓"诚则明"。诚是天给我们的,明是人自发的。后知后觉是觉得人家做得好,来效法,此所谓"明则诚"。他的效法也是出于至诚。至诚就是我们的性,一切由性发出的行为叫作道。

既然人性相同,则人道也可相同。白色人种可以走这条路,黄色人种也可走这条路,黑色人种也可走这条路,只要是人,都可走这条路,这条路便叫作大道。既是一大道,三千年前人乃至三千年后人也该时时可行。即如此刻所讲的葬礼，就是全世界古今中外人类一条同行之道。不是由上帝，或一专制暴君，或一大哲学家大宣传家，来倡导指使。乃是由人类自己内心创出。人人处处时时可行，故称之曰大道。如赌钱，我赢你输，我像是不觉得于心不安。如经商，大资本家可以凭他的大资本来吞灭别人的小资本，或剥削利润，他占十分之八，别人占十分之二，他这样，也像是不觉得于心不安。但这些终不是大道，甚至可说不是道。所以到今天，帝国主义终于要崩溃，资本主义也终于要变质。

照中国人意见，我们该有一大道，大家能走，而又到处都通。赌博赢钱不是道，经商通有无是道，凭经商发财也不是道。把跑马及其他赌博来为公众谋利，把资本主义来求国家富强，中国人对此等终是看不起，认它不合道。中国人说率性之为道，要把人类天性发展到人人圆满无缺才是道。这样便叫作尽性。尽己之性要可以尽人之性，尽人之性要可以尽物之性，这是中国人的一番理论。这一番理论，急切做不到。有人起来提倡领导，这人便称为圣人。

人同有此性，往往自己不知，或是模模糊糊知得不深。青年进学校读书，总想将来自己有出路，但不注意求学要从性所近。此刻大家只知学理科有出路，学文科无出路。我有一朋友在前清末年学理科，但后来自悔说不晓得自己实在是性喜文科。他说我学科学易有止境，如学文科，或许能学得更高一些。他过了三十，才发现自己喜欢的在此不在彼。这样的事太多了。但人性还能向多方面发展。喜欢科学的有时不知道自己也喜欢音乐，如此之例也多。亦有人天性才气只发展到七八分，没有发展到十分。因此人的最高、最伟大的理想是能尽性。尽己之性，又贵能尽人之性。学不厌与教不倦，贵能一以贯之。《论语》第一句便说："学而时习之，不亦说乎？"学便是要能尽己之性。又说："有朋自远方来，不亦乐乎？"由自己启发到别人，自有人不惮远行来到你面前。接着第三句："人不知而不愠，不亦君子乎？"学问到高处，尽性到深处，人不能知，也无怪。孔子做到了圣人，他的学生们不了解，但自己有乐处，也自然无愠了。中国人讲道理，如此般简单，但实是深合人性。

但人性不是专偏在理智的，理智只是人性中一部分，更要还是情感，故中国人常称"性情"。情是主要，智只是次要的。中国人看性情在理智之上。有性情才发生出行为。那行为又再还到自己心上，那便叫作德。人的一切行为本都是向外的，如孝父母，当然要向父母尽孝道。但他的孝行也影响在自己心上，这称德。一切行为发源于己之性，归宿到自己心上，便完成为己之德。故中国人又常称"德性"。这一德字，在西洋文字里又很难得恰好的翻译。西方人只讲行为造成习惯，再从习惯表现为行为。中国人认为行为不但向外表现，还存在自己心里，这就成为此人之品德或称德性。性是先天的，德是后天的，德性合一，也正如性道合一，所以中国人又常称"道德"。

（五）

根据上面讲法，我们可以说，中国文化是人本位的，以人文为中心的，主要在求完成一个一个的人。此理想的一个一个的人，配合起来，就成一个理想的社会。所谓人文是外在的，但却是内发的。中国人所讲的人文主义，人文求能与自然合一。现在人总分自然、人文为两面。科学只讲自然，后来觉得太偏了，才又增出人文一面，称为人文科学。虽是平列，却亦是两分的。中国人看法，性即是一自然，一切道从性而生，那就是自然、人文合一。换句话说，即是天人合一。其主要合一之点则在人之心。故也可说中国文化是性情的，是道德的，道德发于性情，还是一个性道合一。

此刻我们讲文化，总喜欢把中国的同西方的做比较，这些比较有好处，也有缺点。如说西方文化是物质的，中国文化是精神的，这句话就有毛病。中国文化未尝不讲物质，如这"性"字，也不能不包括身体在内。如说"食色，性也"，饮食男女，都是自然的，中国文化决不抹杀了一切物质而只重精神。又说中国人好静，西方人好动，中国是一个静的文化，西方是一个动的文化。但静不能不和动相配合。一动一静，一阴一阳，中国人从来不曾把来硬分作两面，亦从不主张这一面来排拒那一面。又如说唯心论、唯物论，西方哲学家有此分别，中国思想中则无此分别。凡如上面所举的分别，只是根据了西方，从其相反处来讲中国，因此不能无缺点。今天我提出"性道合一"四字，把来作为中国文化之中心思想及其主要特质所在，自然也只是个人一时说法，其继续发挥，则有待此下之诸讲。

自从蒋公提出"复兴中华文化"的口号以来，有一个好现象，即是大家不再随便乱骂中国文化，又都说我们要复兴中国文化。但有人当然是出于真意，而有人只是随便讲，在他心里还是觉得西方好，中国不好。其实纵使如此，也是没法。如我生下来是头狮子，就不能学一只老鹰在天上飞；我生下来是只老鹰，我就不能学狮子高踞山上做万兽之王。此亦是性道合一。各尽己性，则一切活动都平等是道。但一切文化中并不都是道，有合道，有不合道，各有长处，亦各有短处。我们贵能异中求同，又贵能同中求异，莫要认为他们的太好了，我们的便都不如人。文化前进是曲线的，有时高，有时低。把我们此时来比西方，不用说西方在上，中国在下；但把全过程看，中国在西方之上的时期也不少。而且目前西方已开始在走下坡路，可惜我们这五六十年乃至百年来白过了，而又自寻短见，自投绝路，种种纠纷都是自己找来。最大的毛病，在我们不认识、不爱惜自己文化，循至于无路可走，只有私人各奔前程，各走各的路，弥天漫地只是功利，只有自私，只顾眼前，把国家民族摆在后。今天我们第一能不漫骂中国文化，第二要能从各方面去认识中国文化，那就前途无量。

我今天所讲，也只是要人从此一方向去认识中国文化。中国文化主要重在人，就在我们中国人各人的身上。我们且不要看不起中国人，也不要看不起自己。中国文化只是中国人一个影子,中国人也只是中国文化一个影子。

今天所讲,比较是一个大题目,诸位若能由此来看中国社会、中国历史,自可续有所证明,续有所发挥。若有能找出另一句更恰当、更简单、更扼要的话来讲中国文化,那自然更好。希望大家都能在此方面用心,中国文化自然便可有复兴,有发扬光大的一日。

二　中国文化中的人和人伦

（一）

今天讲的题目是"中国文化中的人和人伦"。昨天我讲"性道合一论"，说明人性表现为人道，人道根据于人性。此"性道合一"四字，是否可把我们中国文化博大精深悠久的形成，说出一所以然来，我也不敢确定，只当是一种试探。今天要继续讲性道合一在中国文化中的具体表现。

文化本是人造的，没有人，就没有文化。但文化也能回转来创造人。任何一种文化，其本身必然有一种内在的理想，而且也该有一种力量，叫人随着此理想而发展，而成为此文化体系中所理想的一个人，此之谓文化陶冶。今天我要讲中国文化中所理想的人，即是根据中国文化理想而陶冶出来的中国人。要讲中国人，该先讲中国人对人的观念，即什么才叫作人？在此方面，我们中国人却抱持一种特殊的观念。

简单地讲，中国人认为人应该在人群中做一人。从事实看，没有人不是在人群中做人的，每一人都不能脱离社会。此一事实，似乎是无可怀疑，无可争论。但如我们今天都要讲独立，试问怎么独立呢？还是脱离人群而独立，抑还是在人群中独立呢？那就有问题了。又如讲自由，是在人群里自由，抑是脱离人群来讲自由呢？又如要讲平等，也是一样。抑是在人群中争取平等？还是怎样般的平等呢？西方自法国大革命以后，提出了独立、自由、平等这几个口号，人人要争取，好像成为人类最高理想，谁也不能否认。但那些实际上都是要在人群中来争取。我今所讲，则是人要在人群中做人，与上述意义有些不同。

在民国六、七年以后，有所谓"新文化运动"，大家认为中国人旧有的一套要不得，只有西方人讲的对。北欧有一位文学家易卜生，写了一个剧本，剧本中女主人娜拉，不满意她的丈夫，不满意她的家庭，离家出走，对她丈夫说，从今以后，她再不想在家里做一个妻，要到社会上做一个人。那时我们把此剧本竭尽宣扬，认为娜拉所说，便是最高新人生的指示。但我要问，她跑进社会做一人，如何般做法？或者跑进医院当看护，或者跑进学校当教师，或者跑进任何政府机关、商业机关中做事，她还是要在人群中做人。人不能凭空做，脱离家庭，仍不能脱离人群。不做家庭主妇，还是要做看护、教师、书记等，不能摆脱了一切人与人的关系去做人。不能离开人群，一人独立自由地去做人。

只有鲁滨孙漂流荒岛，始是一个人做人，可是他还带了一条狗。他不与人相处，还须与禽兽为伍。那条狗便是他忠实的仆人，与他相依为命。他还得要一把斧头，筑屋而栖。他不仅要与禽兽为伍，还须与草木为伍。鲁滨孙不在社会做人，也得在天地万物间做人。中国人认清这一事实，认为人一定要跑进人群社会里去做个人，这就是人生大道。而且人要在人群中做人，也即是人的天性。鲁滨孙在荒岛，又有另一人跑去，他一定很欢喜。他在荒岛上住了几年，还是要回到人群社会中来。

（二）

中国儒家孔孟所讲最重一"仁"字。"仁者，人也。"仁就是做人的道理，就是人与人相处之道。又说："仁，人心也。"人的心就喜欢那么与人相处。只此"仁"字，便是性道合一。

中国人把一"仁"字的观念来看人，所以说"四海之内皆兄弟""民吾同胞，物吾与也"。又说："中国一人，天下一家。"

用中国人的话来讲，如说中国人、外国人，人总是人，不该有分别。又如说日本人、英国人、美国人、印度人，岂不大家都是人？若用其他民族的语言来讲便不同。如用英语，不能说China man，那是侮辱中国人，他们对中国人十分不客气、不礼貌的时候，才会叫China man。他们说Chinese，Japanese，American，English，French，着重在上面的国别，不着重在人，人字只成了一语尾。若如我们说广东人、福建人，上面只成为一形容词，着重在下边的人字上。若把语言来代表观念，此一分别非常大。如果中国话通行世界，很易使人走上一条大同和平的路。

但中国人在人的中间却有种种不平等的分别。如说圣人、贤人、善人、君子人、大人、小人、恶人、坏人，甚至于说不是人。中国人说衣冠禽兽，其形是人，而根本不是人。后来儒家又说："不为圣贤，便为禽兽。"人与禽兽之间相隔甚近，甚至不做圣人贤人，就变了是禽兽。孟子说："人之异于禽兽者几希。"几希只是那极微少的一点，而中国人则特别看重那一点。

在西方观念中又似乎并不看重这一点。如他们讲心理学，把一条狗、一只兔子、一只老鼠做试验，把狗、兔、老鼠的心当作人的心看待。固然狗、兔、老鼠的心也有与人心相类似处，但狗、兔、老鼠毕竟不是人，中间究是有几希之别。

心如此，性亦然。孟子诘问告子说：照你讲法，犬之性如牛之性，牛之性如人之性，这中间没有分别吗？孟子则主张这几希之间有大分别。愈能分明此几希之间的便是大圣大贤。这几希之间漫失了，便与禽兽不相差。这些几希之辨，当然不重在身体、生理上，而更重在心性、心理上。人与人的相处之道，与兽与兽的相处之道有不同。人道与兽道之不同，主要乃在人性与兽性之不同。外国人很少讲性，因此他们讲的道，也与中国人讲的有不同。耶稣说："恺撒的事恺撒管，上帝的事由我管。"耶稣是上帝派到世上来讲道的，他所讲的是进入天堂之道，讲人死后灵魂如何上天堂。至于社会上一切人事，他不管，由恺撒来管。耶稣是当时罗马帝国殖民地中的犹太人，是恺撒统治下的一群奴隶，耶稣只期望上帝来拯救他们，并也救了罗马人。现实世界的一切，他无可管，所以重在讲人的灵魂。直到西方文艺复兴，由灵返肉，又转过来重在讲肉体生活。中国人则注重讲人与人相处之一番人道，因此相互间有不同。

（三）

要讲人与人相处，便要讲到人伦，又称伦理。蒋公提倡文化复兴的口号，把伦理放在第一位。人伦的"伦"字，也如丝旁的"纶"字般，两条丝以上始有纶，两个人以上始有伦。伦是人与人相配搭。一个人跑进社会，不能不与社会中其他人发生关系。

中国古人把此种关系分作五伦，即是说人在社会上大要有五种配搭，或说五种搭档。父母、君臣、夫妇、兄弟、朋友称五伦。任何人一离娘胎，生下地，来到这世界，就得与父母做搭档。而且在人未投进此世界以前，这一搭档早已配搭上。上帝不会在荒野无人之地凭空掉下一人来。我们的生命也不是自主自由，由我自己生。生命本身并不独立。而且也不是我要生在这家就生在这家，我要生在这国就生在这国的，因此人生也根本不自由。

在新文化运动时，有人提出非孝的理论来，反对中国传统所讲的孝道。因为父母也不是自由自主要生一个我，要生男生女都不知，究竟能不能生一个子女也不知，而偶然地生下一个我来，我和父母之间便可说根本没有什么关系的。这话究竟讲得通，还是讲不通？你且莫问父母究竟是否有意要生一个你，你且问你究竟从哪里来的，你的生命由谁给了你。这且不管，你生下以后，还是不能独立的，还需要父母的养育和照顾。就你一份良心，要报答父母养育，就该有孝道。

中国人讲"慈"讲"孝"，其实还不都是讲的一个"仁"字。这仁字，也可说是我们人类的心，同时亦是性。其他禽兽同具生命，而或者未具此心与性，相差只在此几希间。中国人很重报本，亦即是报恩。父母对我有恩，我该报。不仅在父母生前，死后还有祭，这是表示我自己一番情意。父母已死，我的祭，究竟对他们有什么好处，我不管。我只自尽我心。祭父母，祭祖宗，乃至祭天地，皆是我这一番报本报恩之心而已。禽兽无此心，人性与禽兽性不同，因此人道也与禽道、兽道不同。由于慈孝而推广到人与人相处的一番亲爱之情。人群中必须有此一番亲爱，始能相处得好。此一番亲爱的心需要培植，最好从家庭父母对子女，子女对父母的情意上培植起。子女对父母能孝，才会对其他人有亲情爱意。从人道上讲，孝不尽是为孝，不专是为自己的父母，这乃是人道之根本所在，这是中国人观念。

西方观念有些不同。近代西方社会里，做父母的一开始就教子女独立，经济分开，子女有子女的一份。长大以后，要他单独自立，有一个职业。我曾游美京华盛顿，看到美国很多议员的子女都在街上奔波做派报童。他们家应有钱，不必赖子女送报为生，其目的就要教他们懂得要独立，这是对的。如果子女始终只懂得依赖父母，父母老是抚养他子女，这决不是办法。但天下事不能单从一头讲，遇到双方相异处，该有个比较，知得其间有得有失。人与人之间多有一番亲情爱意，此与各人生活能独立能自由，把人与人的关系分开得远一些，当他是一小孩时，便让他知道要独立要自由，一方偏向在理智上，一方偏向在情感上，那是不同的。但不能一方全对，一方全不对。

中国文化重仁亦重爱。分别此一番心情，又可有等级。最先第一级是爱，如爱动物，爱花草树木；西方人教导小孩也很重这些。爱的进一步始是仁。仁是对人与人而言，此一种心地则较高。更进一级是亲，亲比仁更进，人可以有爱而不仁，也可以能仁而不亲。所以说"亲亲而仁民，仁民而爱物"，这三个字在中国人用来分量不同。若只说博爱，却用不到父母身上去。人对父母须懂得一"亲"字，连"仁"字都不够。这些分别，须从各人自己心情上去体贴，空讲无用。中国人看重父子一伦，讲孝道，其主要用意在教人懂有亲。能亲自能仁，能仁自能爱。这里可以奠定人们做人的基础，养成他一种良好而高贵的心情，然后推而至于对家庭，对朋友师长，对社会国家，对于全人类，到达一个理想的为人之道。

君臣一伦，现在是民主时代，似乎已经没有了。其实君臣关系仍然是有的。没有了皇帝，有大总统，一样是君臣。除了政治上的君臣关系之外，学校有校长，在学校当教师，当职员，他们和校长之间也是一种君臣关系。公司里有总经理，军队里有总司令，工程团体有总工程师，社会上各种行业组织都有上司下属，亦即是君臣关系。就是无政府主义者所理想中的社会，仍然有君臣关系的。

君臣一伦，不是教我们服从，而该是讲一个义。中国古书上说："门内之治恩掩义，门外之治义掩恩。"君臣一伦，主要在讲义，讲应该不应该。所以说："君使臣以礼，臣事君以忠。"社会上一切事，总该有一个出令的，叫别人去做，这样就成了组织，发生了君臣关系。这种关系该建立在义上。君使臣以礼，臣事君以忠，这都是义。在此君臣关系之内尽可有自由。你在这个公司做事不满意，可以退出；在这个学校做事不适合，可以走；在这个政府做事不称心，可以辞。不做官可以去做生意，不做生意可以去教书，任你便。所谓"以道事君，不可则止"。又说："有官守者不得其职则去，有言责者不得其言则去。"古尚如此，今更当然。此与父子一伦不同。

大家也许听过这样的话，说："忠臣不事二君，烈女不更二夫。"在新文化运动时期，定骂此两语是中国人从前的封建思想，所以孔家店就该打倒。其实此语既非孔子所讲，也非孟子所讲，又不是孔孟门徒儒家所讲，而系出自《战国策》齐人王蠋所言。其实此言亦非不合理。社会上历史上，自有忠臣，自有烈女，只要情合义，忠烈只该有歌颂，不该受诽笑。

古人又说："男女有别然后父子亲，父子亲然后义生，义生然后礼作，然后万物安。无别无义，禽兽之道。"此所说男女有别，并不是指男女授受不亲言，乃指男女结为夫妇才是有分别。这是说，这一对夫妇要和其他别的夫妇有分别。中国古人又说："人伦之道，始乎夫妇。"因有了夫妇，始有父子，人与人有了相亲之意，才能讲到义。近代西方也一样，也认为夫妇该有别，离了婚才可以再结婚。禽兽也有雌雄，但无婚姻，无夫妇，即是无别。

西方人亦讲夫妇有别，但没有中国人讲的严格。一个家庭可以有五六个孩子是两三个父亲所生，或者是两三个母亲所生，这就不如中国家庭的单纯。但中国家庭似乎偏于看重了夫的一面，乃受今人訾议。如中国古代有"七出"之法，可以做离婚的理由。丈夫可以在七个条件中离婚，一不顺父母，二无子，三淫，四妒，五有恶疾，六多言，七窃盗。第一条当然最重要。南宋诗人陆放翁夫妇情感很好，可是放翁母亲不喜欢他的媳妇，放翁就只好跟她离婚了。可是陆放翁一直还怀念着她，所填《钗头凤》一词，流露了他的感情。此因中国人把五伦会通作一个道理看，主要在不以此伦害彼伦，贵乎能以此伦通彼伦。所以说孝衰于妻子，是以此伦害了彼伦，便不好。又说事亲孝，可移于事君忠。同样是一种性情流露，便是以此伦通彼伦了。其他六个出妻的理由，都为着顾全家庭。多言有害家庭和睦，所以被出。

但亦有三个条件不得出妻，一是有所取，无所归；二是与更三年丧；三是前贫贱，后富贵。当你娶她时，她有家，你和她离婚，她仍可回娘家，仍可再嫁，那不要紧。若她没有了娘家，无可归了，便不该离。你娶了她，如你父母丧亡，她和你同守三年之丧，你不该在你父母丧后再和她离。第三个理由，当初你娶她时，你还是个贫贱人，现在你富贵了，便不该离。古人说："糟糠之妻不下堂。"她陪你同吃过糟糠，你有良心便不该和她离婚。以上三条件，皆是人的良心问题。良心不许可，不待再讲法律。单从男的一面讲，有可离的条件，也有不可离的条件，这也不算得太过不平等。若说为何七去、三不去只从男的一方讲，没有从女的一方讲，那是古今社会不同，却不是故意太看不起了女的。

第四伦是讲的长幼。长幼该有序，如进食堂，后到的让先到的先吃。上车让女人、让老弱先上。社会该有个秩序。教人守秩序，最好从小孩时在家庭中教起。从前中国旧礼教，小孩吃一块糖，总是告诉他们，小的让大的先，从他幼小纯洁的心灵里就培养这种长幼有序的观念。现代教育不同了，说要发展个性。小孩在家中最纵恣，一盘糖，可以抢，可以打架。大的应该让小的，这也是一新秩序。但从心理上讲来，从小养成他纵恣习惯，占便宜，大了要变却是难，小的吃些亏，后来逐年长大，却感到舒服。要大的吃亏，愈大愈吃亏，却有些不自然。有人说，美国社会是年轻人的天堂，中年人的战场，老年人的坟墓。照中国人想法，人到老年，快近坟墓，他已经奋斗过一场，该让他较舒服些。人生有一好收场，这也是人人内心所要求。中国人总是讲要尊敬老年人，老年人舒服些，也不见得小孩会进地狱。小孩没有教育，尽在天堂，他从来不知弟恭之道，长大了也不一定能兄友。中国人的兄弟一伦，也有它理由的。

朋友一伦重在信。我信你，你信我，互信才能互助，相亲相爱。一个人进入社会，有此五般搭档，但也不尽然。我们一生下来就有父母做搭档，或许待我做父母了，未必有子女。所以中国人多讲了子孝，少讲了父慈，此亦是一理由。而且禽兽也能慈，孝则禽兽所不能，人禽之辨在此。所以中国古人更重讲孝，胜过了讲慈。

人性中亦兼有兽性，人性兽性同出于天，同本于自然，兽性也不全是坏。譬如开矿，有的在上层，有的在下层。人性中浮在上面粗处的便是兽性，深处乃见人性。此须人自己好好来开发。可能在人性中兽性占了十分之七八，人性只占十分之一二。荀子讲人性恶，他只把那七八分的兽性看重了，却把一二分的人性看忽了。如放一堆糖，看小孩们抢不抢，他们当然抢。反不如撒一把米在地上，让鸡跑来吃，各吃各的，抢得不如人剧烈。这因人的心智复杂，不加教养，人类中的兽性可比兽类更可怕。

（四）

中国古人又说：天、地、人，三才。天地能产生万物，人类能创造文化，但人类也从天地自然而来，不能有了人没有天地自然。现代科学发达，人却说要征服自然，人本身即是一自然，自然如何能征服？人类智力到底有限，我们只有因任自然来发展人性。可是人性中夹带兽性的分量多，我们要从大量的兽性中把少量的人性挖掘出，这项工作就要靠教育。教育不专限在学校，应有家庭教育、社会教育相辅而行。

中国的五伦，也都是教育。父子有亲，君臣有义，夫妇有别，长幼有序，朋友有信，这是五条人生大道。这五条大道，对人生讲，一条也少不得。人一生下，就有父母一伦是第一条大道。长大成人，结婚有夫妇一伦，是第二条大道。到社会做事，就有君臣一伦，是第三条大道。在社会上与人相处，普通的是长幼之别，特别的是朋友，这是第四、第五条大道。那都是非常具体的。中国古人称之为"五达道"。这五条大道，到处可通，故称达道。那些道从哪里来？都从人类天性中发展而来。若不是人类本有此天性，也不能发展成大道。

或许有人会问，既是道原于性，何以有无道之人，有无道之世？则因人性兽性相杂，率兽性为兽道，率人性为人道。人贵能发展人性来主宰兽性，领导兽性，便能从自然中发展出人道。中国五伦之道正是如此。兽性同有生育，孝慈则人性所独。兽性亦有交配，婚姻则人性所独。若使人群相处有亲、有义、有别、有序、有信，则人道自然昌明。此亲与义、与别、与序、与信之五者，都是人对外，主要是人对人的行为。行为发动在人，主宰在人。行为不仅影响了外在的对方，亦影响了内在的自己。如你对父母尽孝，父母接受也好，讨厌也好，而自己行道成德，确然成为一孝子，受影响的主要还是你自己。对朋友讲信，朋友信不信你不一定，受不受你影响也不一定，而你自己一定会受到影响，使你自己成为一可信之人。所以一切行为在对外，而影响必然及自身。"德者得也"，行道而于己有得，是为德。

性由天生，德由己成。如我性喜音乐，本不自知，及在某一场合跑进了音乐的天地，才知自己喜欢音乐。音乐对我有安慰，我对音乐有享受。自己虽不是一个音乐家，却知自己确有音乐的爱好。这一爱好是你的天性，若能常守勿失，也即是你的品德，你是一音乐之爱好者。所以德亦由性而来。

中国人讲道德，都要由性分上求根源。此所谓性，乃指的人性。如饥寒饱暖是身体上的事，此乃人兽所同。道德行为在外面固能深入人心，更有把握的是在内部深入己心。因道德由己心发生，还能深入己心，在心里再生根，这就有了生命，成了德。中国人分人的高下，不在吃饭穿衣上，不在做官营业、富贵贫贱上，只在其人之品德上。若抹去了品德，仅在法律上求平等，则有财富强力就是优，没有财富强力就是劣。达尔文的生物进化论主张物竞天择，优胜劣败，这一套理论，只能应用在生物界，却不该应用到人类。优胜劣败是自然，人类有了文化，自应有更高理想，不能仅如一般生物，尽来争个优劣胜败。德国人自认他们日耳曼民族乃是世界上最优秀的，应该来统治世界其他的民族，结果引起世界大战。可知人类优劣实应另有标准，不能专把财富强力来分。中国人讲五达道，这一文化理想比较还是高一些。

讲五达道，同时要配以智、仁、勇三达德。智是智能知识，仁是人与人感情上的厚意，勇是勇往直前。古人讲忠孝，讲仁义，讲道德，也未尝不知要讲这些道理，实际上会遇到困难。所以要讲五达道，须运用智、仁、勇三达德来求实践。

今天大家要讲独立、自由、平等，但人类社会上平等很难找，只在法律之前、在上帝意识中有平等，此外显然有种种不平等。若只在法律之前有平等，只要不犯法，也就不见有平等。若在上帝意识中有平等，不到死后，也还是无从讲起。若说独立自由，在专制政治下争自由，在帝国主义压迫下争独立，固是对。在社会不合理状态下争自由、争独立、争平等，这也对。若在合理状态下，人生之真意义真价值，则并不在这些上。

上面说人要在人群中做人。若在一个五达道的社会中，人生应有更高理想，更高向往。争独立、争自由、争平等，都是争之于人，要向外争。奉三达德，行五达道，则贵能反求诸己，自尽在我，不在向外争取。道德最自由，谁也不能禁止我。道德又是最独立的，因道德只在己，不靠外面。道德亦是最平等的，有德无德，不论外面条件。讲道德只是讲做人，人人都能做，并由一人自己单独做，所以是最平等、最自由、最独立。要孝便可孝，要忠便可忠，只要你自尽此心。

有人说，真理等于一张支票，到银行可以换到钱的是真理，换不到钱就不是真理。像岳飞、文天祥，虽然耿耿精忠，可是他们自身死了，宋朝也亡了，这个忠的意义何在，价值何在？但中国人讲真理，尤其是人生真理，贵从各人心上讲。自尽己心，即便是真理。只要人心不死，即是真理常在。这也不是西方哲学中所讲的唯心论。此刻讲的是人生实践。父母冷了，得设法找衣服给他穿，中国人讲这一番理论，说深也很深，说浅也很浅。古人常以射喻，射高了或者射低了，不能怪靶子放高或放低，只是你射得不准。父母就像一靶子，行孝就像射一箭过去，射错了，你虽然在尽孝，可是还挨父母一顿骂，这该怪你孝道没有恰到好处，所以还要反求诸己，尽其在我。我只尽力做到我的一份，外面的不在我掌握中，我可不管。

（五）

从此深进一层讲，我们就该有一个信仰，那就是人性善的信仰。刚才说，人也有兽性，但经过文化陶冶、教育熏蒸，可以变化气质，教人人向善。子孝可获得父慈，兄友可获得弟恭。人心有感应，我以此感，彼以此应。整个社会从一个人的心感去，不要短视，不要狭看。如岳飞是一个忠臣，在当时，他并没有感动了宋高宗和秦桧，他似乎白死了。文天祥也一样。可是我们当知，人类世代不绝地传下，有些感应，不在当时，而在久远。他们的忠，不曾保存了宋代，却保存了我中华民族和中华文化之长久绵延。他们的一死，影响到后世，作用太大了。

中华民族到今有四五千年的历史，我们虽在当身历尽艰辛，却该有一个信仰，奋发有为。这是接受了长时期的历史教训，黑暗之后必会有光明来临。台风过去，依然是光天化日。别的民族，正为缺乏了这一套深切的信仰，失败了便翻不起身来。帝国主义、资本主义，争富争强，在人生大道上就错了，自该失败。失败后只有另找出路，从头做起。中国人这一套文化传统，有时也遭挫折，但可保持它一种不屈不挠的精神。此种精神，不仅存在于此时此地，也仍然存在于大陆同胞的心里。这一种伟大的民族自信，即是我们文化的力量。这一文化，乃从一个一个人的真实伟大的品德而汇集积累，成为一种不可破之大力。

诸位或会问：中国人是不是过分看重了品德，便不看重事业呢？这也不然。人总是要死，我们不能要求不死，但死了而犹有不死者存。又不是存在在另一世界，仍存在在此社会上。此种不死，中国人称之曰"不朽"。

人有三不朽，即立德、立功、立言。这三不朽的次序如何排定的呢？立功只是一时贡献，立言始是万世教训，更高过了立功。立德则只在一己。上面说过，只是反求诸己，自尽我心。如岳飞、文天祥，也只是立了德，并没有立到功。但我们讲到大道，立功须有外面条件，有机缘配合。立言更难，所以说孔子贤于尧舜，又说是天纵之大圣。那亦有条件，不是人人可能。天生聪明且不讲，如你是一个生在乡村的小孩，没有机会进学校，有的进入小学不能进中学，进了中学不能进大学，大学毕业不能留学，在这些条件下，一步一步被淘汰，难道在外面条件下被淘汰的便都是下级人，或不算人了吗？若你要做一个大哲学家、大思想家、大教育家，社会固然需要，但不能人人能之。做一个大政治家、大军事家、大外交家、大科学家，为社会造福利，建功业，也都要外在条件，但比较易一些。只有立德，是没有条件的，人人能之。所以中国古人把立德奉为第一位。

立言何以最难呢？中国几千年只有一个孔子、一个孟子，他们的言论可以传诸百世，放之四海，但到底是太少了。人不自量，若我们高抬立言，人人想走这条路，到底走不上，徒增许多空言，或有一些完全不对的废言，甚至会如洪水猛兽般为害社会。所以真能立言的人并不多。立功比较实在，人人共见，管仲就受到孔子的赞扬，因他对当时中国社会有大功劳。历史上立功的人也比较多。立德是最基本的，但又大家可能，这才是人生大道。

今再问：立德何以能不朽？如孝行，是人生社会永会保留着不朽的，我们的生命与孝行结合，这就是不朽。忠与信与义种种诸德都如此。一个民族文化，亦需要此诸德结合，才能不朽。若仅有生命而无德，那只是兽道，非人道，根本不能望有文化，更不论文化之不朽。中国文化之伟大，为其能建立在人类崇高之品德上。如岳飞、文天祥，他们今天仍然活在中国历史、中国文化中。若我们把世界人类历史细细比读，做一统计，究竟哪一个民族包涵此种崇高品德的人最多些，我想只有推中国，这也是中国文化传统提倡立德之所致。立德最易，而能最受中国文化之重视，此即中国文化之伟大不可及处。

（六）

从前陆象山说，使我不识一字，也能堂堂地做一人。人能与天地参，与天地合称"三才"，能堂堂地做人，便可顶天立地。善人也好，君子也好，大人也好，圣贤也好，做人该是我们人生第一个目标。能做一人，再能做一番事业，更好，但那是第二个目标。在事业中有立言一业，可以立言垂万世，那更好，但只是第三个目标。

现在我们都把中国古人这一次序颠倒了，大家都要求知识，都要发挥自己一套思想理论，要做一个人中最难的立言者。认为不得已而思其次，才到社会上做事，去立功业。立德则被人人看轻了，认为没关系，不值得重视。人人可能的不重视，却重视那不可能的，实是颠倒了。唯其太看重了不是人人可能的，于是要向外面争条件，争环境，怨天尤人，而结果还是自己做不了主，徒生苦痛，增不满。此实与中国文化传统背道而驰。把一切责任都推向环境，说环境不好，这也无奈何。

宋朝亡了，元朝入主，一批流亡者在路休息，看见路旁有一棵果树，大家都争去摘果子解饥渴，有一位讲理学的先生，他不肯摘。别人说：那果树无主，任何人都可摘，你为何不摘？他却说果子没有主，我心有主，我不能随便摘。

那人便是许衡,后来蒙古王朝请他去教蒙古一辈贵族子弟,中国社会也总算得了一些救。天下大乱,每一人的心可以不乱。天下无主,自己一心仍可有主。不乱有主的人多了,社会自会平息,拨乱反治,由此而起。

照中国人道理讲,每个人好,世界也就好。否则河清难俟,要等世界好了自己再来做好人,只有毕生不做好人之一法。自己不做好人,还要告诉儿女说,世界不好,你也且莫做好人,会自吃亏。如此一代一代传下,人愈来愈坏,社会风气积重难返,如何得了?但仍有一条路,仍只有每一人各自先做好。天下纵乱,那五达道还是摆在前面,你不是依然有父母、有君臣、有夫妇、有兄弟、有朋友那五伦吗?但要懂得如何行此五达道,便需你的智。要肯、要愿去行此五达道,便需你的仁。要敢去行此五达道,便需你的勇。我们要凭此智、仁、勇三达德,始能来实践履行此五达道。

让我们各自拿出自己的大智大仁大勇来,在此五达道上向前,国家民族自会得救,我中华文化传统也自会复兴,自会光明灿烂,永无终极。我们且不要舍其易而谋其难,舍其近而求其远,各自就眼前的五伦做起吧!

三　中国文化中理想之人的生活

我上一次讲中国文化中之人与其道，所谓道，主要指人伦之道言。此一讲，要讲人生，和讲人道不同。

人生各自分开，各自有一番人生，不能向外取，也不能向外送。人有生活，草木禽兽亦各有生活，人在一般生物的生活之上应有别的成分加入，才能称之为人生。所以生活不就是人生，生活只是人生中一部分。

昨天我讲中国文化中所理想的人，一定要参加到人群中去做一人，反过来说，人不能单独做一人，一定要人与人搭档起来才能做一人，那就必要对其他人有义务和责任，这义务和责任便是道。今天所讲和上讲不同，上讲人道是一个公的，此讲人生则是一个私的。我的生活不就是你的生活，你的生活也不就是我的生活。我吃一碗饭，饱了我的肚，但不能饱你的肚；我穿一件衣，我觉暖，你并不能也觉暖。所以生活根本是自私的，我的生活只属我个人，别人无法享受，这是我私人独有。不如讲人道，这是人的一种使命，是为着别人，为着大家的。但个人的生活毕竟和禽兽生活有不同，其中仍该有一道，此是我今天所欲讲。

（一）

人的生活，可分为身生活与心生活，即是物质生活与精神生活。此两种生活是相通的，身生活可以通到心生活，心生活也可通到身生活。但两者相通而不合一。身生活不即是心生活，心生活不即是身生活。照理心生活是主，是目的；身生活是仆，是手段。没有了身生活，就不可能有心生活；但没有了心生活，身生活便失去了其意义与价值。

身生活是暂时性的，不保留的。粗浅地讲，譬如一个漏斗，水在上面倒进去，在下面漏出来，过而不留。虽然水在漏斗里经过，但不能在漏斗里停下。饮食是身生活最基本的需要。味觉则只在舌头尖端上有一点刺激，舌尖对于食物的甜酸苦辣有一种感觉，可是食物一到喉头，此感觉就没有了。食物吃进肚子，感觉到饱，过一段时间消化了，肚子又饿了，又要再吃。你不能怕下午肚子饿，此刻多吃一点，要多吃也吃不下。因此我们要一日三餐，不管你活多少年，每天总要照常吃三餐。那三餐仅是维持我们身体的存在，它自己是不保留的。喝水解渴，停一会儿又要渴，又要喝。这种生活都只有暂时性，因此永远不会满足。这种生活又是浮浅的，没有深度。不要经教育，大家会吃，吃起来大家一样。不能说这个民族文化高，知识高，吃时滋味也会高一点，或者可以欣赏到另一种滋味。换句话说，吃的生活，是人同禽兽一样的，无多大区别。其他穿衣、住屋、行路可以依照这譬喻推去，不必逐一讲。

衣食住行以外有休息，有睡眠，一切都为保持我们身体，求健求寿。人的身体也等如一架机器，机器有作用，无意义，身体也如此。人的两眼，是我们一架大机器身体中一架小机器。眼能看，有看的作用，但只有看，便没有意义，须把看到的反映到心，见了才始有意义。我和你一样地看，但反映到心上，却发生了两样的意义。如两人一起看电影，看平剧，看得一样清楚，但欣赏却不同。大家读一本书，心上反应可有千差万别。两耳也是一架机器，有听的作用，然而听的本身并没有意义。今天诸位都在此听我讲，有的心领神会，有的听而不闻。所以耳那架机器，也是仅有作用，没有意义的，意义在听者的心。从这讲法，我们的身体也仅是一架机器，有时这架机器不够用，或者要求这架机器发生更大的作用，才又造出其他机器来帮助这架机器。两眼近视，便戴眼镜，眼镜也是一架机器，和自己那架眼机器配合生作用。我们看电视，电视机又是一架机器，帮助两眼来看本来看不到的东西。我们听电话，电话机也是一架机器，用来补充我们那架耳机器的不足。

今天科学发展日新月异，大体说来，都是为了我们的衣食住行。今天这个世界，竟可说是成了一个机器世界了。从前是一个大自然的世界，在此自然世界中有一架最精最巧的机器，便是我们人的身体。现在我们跑到大都市人多的地方去，几乎看不见自然世界了，只看见一个机器世界。机器世界由科学发展而来，它本身也是有作用，无意义。科学愈进步，机器愈进步，机器作用越来越大，但一切只如人体的化身。身生活总是有作用，无意义。是手段，非目的。在这方面太发展，也是一件危险的事。如一把刀，磨来愈快，作用也愈大。如使用这把刀的是一疯狂汉，或是一个半醉不醒的人，他拿了这把刀，只增加其危险性。

诸位要知，今天我们处在这样一个机器的世界里，这当然是人类一大进步，然而这边进步了，那边也得进步才好。那边是什么？就是心生活。当然诸位可以说，科学家运用偌大的智慧来创造机器，不是一种心生活吗？这是不错的。可是我今天不是要来讲创造一架机器，乃是要来讲使用一架机器，这两者间可以完全不同。

（二）

身生活如漏斗，过而不留，心生活是永久性的，能积存，如万宝藏。诸位听我讲演，有人可以在脑子里保存三天五天，有人可以保存十年八年，在心下成了一问题，根据此问题继续去想。有的人可以把十年、二十年、三十年以前的心生活再拿来回忆，回想到孩子时代，回想到每一个生活阶段，回想到任何零碎细小的事。只有这种心生活，乃能为己所有，能保留，能积存。再多也积得下，积多了又能化，到底化成了各自一个己。因此各人所保留下来的心生活各不相同，我所回想的，自然和你所回想的完全不同。

我刚才讲，饭吃进肚子消化了，那是消极的消，心生活能积，是积极的积。积了又能化。我们每一人的心，从幼年到中年老年，一年年的经历都积着，又时时在化。这个化，自己也不知，当然别人更不知。它能把穷年累月所经历和领会积存起来，化成一新东西。譬如说读书，一个图书馆里的书，无论是几千几万册，几乎都可装进心里，装了进去还可以拿出来，装了进去还可以化，化成为你的。读书人岂不是各有各的一套吗？

刚才说人的身生活与禽兽相差不多，可是心生活却与禽兽大异。禽兽不是没有心，只是它们心的作用没有发挥出。禽兽的心，只如禽兽身上一架小机器。人的心，则逐渐发展变成了生的本体，在人生中变出了一个有意义的、精神的、心灵的世界。

中国盛行佛教，佛教有它一套真理，它能分析我们的身生活，分析到最后，说人生四大皆空，死生无常。地、水、风、火都是物质的，根本没意义，仔细分析来，尽成一个空，所以佛教劝人要摆脱此身生活。人类因不知此身生活之空义，作起了许多业。人类有了业，便落入轮回，永不得解脱。佛家要教人摆脱这一个"业"。那些话，都是真确的，有它的真理。可是佛教对人类的身生活　面是说对了，它说到人类的心生活，则有些不大对。人类生活该能从身生活过渡到心生活上去，因此人类心生活有些已超过了身生活而别有其意义，佛教只从人类身生活上来讲人类之心生活，所以讲差了。

今天的科学家们也似乎太看重了人类的身生活，发明各种机械来增进我们身生活的作用和享受。两相对比，佛教对人类身生活的看法是消极的，科学家对人类身生活的看法是积极的，而两者间都没有注意到人类身生活以上的心生活。

当然，佛教的大师高僧们，也有他们一套的心生活。他的各种讲法，能使你明白身生活是空的，没有意义的。科学家们当然也有他们的一套心生活，可是诸位跑进科学家的实验室里去，便可看到他所研究的只是些物质，并不注意到整个的人生，也没有注意到人类社会种种心生活方面的活动和问题，也正如佛教中的高僧大德，只在深山寺院里讲他们的佛法，他们究竟都和实际人生有了些隔离。

中国文化中关于心生活和身生活两面，采用了一种中庸的看法。佛教教义和科学家们的发明，在中国文化大系统之下，两者都得要。我们对于佛教，可以接受他们所说许多身生活是空的、没有意义的说法。我们对于科学家，可以接受其所发明来增进身生活方面之作用和享受。可是最重要的，应该注意我们的心生活。

诸位读《论语》《孟子》，读宋明理学家的书，以为他们在心的方面讲得太多，只注重精神文明。其实中国人也极重物质，更是看重此身体，因为没有此身，便不能有此心。既然要看重身体，当然懂得看重机器。因各种机器只是我们身体的化身呀！因此中国人以前也能欣赏佛教，此刻也知重视科学，把来取精用宏，对我们所要讲的心生活都有用。中国人主要在讲"修心养性"，也许诸位会觉得修心养性之学到底是空虚的，或是陈旧的，不进步的。其实不然。身生活在求健、求寿，身体健康了更能发生作用。长寿可以长时间有作用。但作用之上还该有意义，意义则不在身生活，而只在心生活方面。

（三）

上讲所讲的人道，便是心生活中之意义所在。此刻不再讲这些，只就心生活讲心生活，且讲心生活之自身要求是什么。我想心生活之自身要求有两个字，一曰"安"，一曰"乐"。此两字实也如一字。安了便乐，乐了便安。若使我心有稍微不安，自也不会乐；有稍微不乐，自也不会安。今试问：你会觉得此心有时不安，有时不乐吗？这实是人人所常有。今问不安不乐原因何在？有时是受身体影响，但有时身很安而心不安，也有时身不安而心则安。如一病人在医院，其身不安，但他可以心乐心安。一人去探望，此人身体无病，无所不安，然而看到此病人后，却心里感有不乐不安。可见身生活和心生活虽说相通，有时却决然不是一回事。

饱食暖衣，并不能使心安心乐，节衣缩食，甚至于饥寒交迫，却反而此心能安能乐，这里我们便要讲到条件问题。身生活方面之条件都须求诸外，如衣食住行，这些都要外在条件。科学发明就是尽量为人安排此等外在条件，使人生活得舒适。然而心生活方面安乐的条件则不在外面，而在心之本身。

禅宗故事说，二祖慧可去看达摩，讨一安心法。达摩说："把心来，与你安。"慧可言下有悟，因自己心根本拿不出，又何处有不安？他以前心不安，总像外面有许多条件使他不安，一悟之下，始知不要任何条件，心自安了。

我刚才讲一病人睡在医院，他虽在病中，他却心安，必是他把外界一切摆脱了。所以要求心安，必须反求诸心，不在外面条件。

孔子"饭疏食，饮水，曲肱而枕之，乐亦在其中矣"。外面条件如此，孔子却能安能乐。此处又该特别注意那"亦"字。当知不是说吃粗米饭、喝淡水、曲肱而枕才有乐，倘处富贵环境，也一样可以乐。使心乐的条件，不在富贵与贫贱那些外面条件上，一切全在心。颜渊"一箪食，一瓢饮，在陋巷，人不堪其忧，回也不改其乐"，回之乐也不在外面条件上。后来宋代理学家周濂溪告诉程明道、伊川两兄弟，教他们去寻孔、颜乐处，乐在哪里？我想孔子自己说："学不厌，教不倦。其为人也，发愤忘食，乐以忘忧，不知老之将至。"这里可见孔子乐处。颜回也自说："仰之弥高，钻之弥坚，欲罢不能。"这里可见颜子乐处。

孟子也曾举出人生三乐，说王天下不在内，他说："父母俱在，兄弟无故，一乐也。仰不愧于天，俯不怍于人，二乐也。得天下英才而教育之，三乐也。"这三乐中第一、第三两项，却须外面条件；第二项则只在己心，更不要外面任何条件。

由上所说，可见求使此心得安得乐，虽不需外面条件，而在内心则自有条件。说到此处，已接触到中国文化传统精神之主要深处。我们要复兴中国文化，该在此深处有了解。

（四）

我试再讲到中国的艺术。道义世界与机器世界之外，还有一个艺术世界。艺术在心、物之间。由心透到物，而后有艺术之发现。譬如音乐，弹琴吹笛，都要物质。即如唱，也要用嗓子，嗓子是人身一机器，也是物质。然而唱出声音中有心，要由心发出的声才能感动人。就听音乐的人来说，受感动的是我的心，并不是我的耳朵。乐声跑进了我的心，不仅是跑进了我的耳朵，才能使我摆脱物质世界的一切，而得到一个艺术境界，使心安乐。中国文化传统里面艺术境界之超卓，也是了不得。

中国人生活上的最长处，在能运用一切艺术到日常生活中来，使生活艺术化，便也是一种心生活。纵使吃饭喝茶，最普通最平常的日常人生，中国人也懂讲究。所谓讲究，不是在求吃得好、喝得好，不是在求饭好、菜好、茶好、酒好，而更要是在一饮一食中有一个礼。中国古人讲的礼，其中寓有极深的艺术情味，惜乎后来人不能在此方面做更深的研求与发挥。即在饮膳所用的器皿上，如古铜、古陶、古瓷，其式样，其色泽，其花纹雕镂，其铭刻款识，其质量，乃至其他一切，皆是一种极深的艺术表现。直到今天，此等器物几乎为全世界人类所宝爱。然而其中却寓有一套中国传统的文化精神，寓有中国人心的一种极高造诣，这些都超出于技术艺能之上。别人虽知宝爱，却不能仿造。

科学上所发明的机器，作用大，但可仿造，而且一学便会。发明机器诚然要极高的心智，而制造机器则仅是一项技术，而且机器造机器，所需人力也少，而在机器中，也并不能寓有人的个性，即是说心生活并不在机器中。至于艺术便不然，凡属艺术品，必然寓有人之个性。纵使模仿的艺术，依然还见有个性。使用机器，不要个性。欣赏艺术，则仍寓有个性。所以机器世界人在外，艺术世界人在内。机器无生命，而艺术有生命。要学绘一幅画，要学拉一张琴，须得把自己生命放进去。因为它是艺术，需要从人的心灵里面再发现。每一件艺术即是一人生。须能欣赏艺术，才能创造艺术。艺术与人生紧贴在一起。制造机器不先要经欣赏，艺术不同，非经欣赏不再现。如梅兰芳唱《霸王别姬》，你也来唱《霸王别姬》，你须先能欣赏梅兰芳，把你自己生命先放进，然后能再唱。再唱得最像，仍与初唱者不同，因其各有个性。机器仿造可以一模一样，无区别。这是艺术世界与机器世界之大不同所在。机器世界是偏物的，艺术世界是偏心的。机器世界在改造自然，艺术世界则在自然之心灵化。心灵跑进自然，两者融合为一，始成艺术。

天地间有高山大水，这是天地间一大艺术。"智者乐水，仁者乐山。智者动，仁者静。智者乐，仁者寿。"人的德性和自然融合，成为一艺术心灵与艺术人生。中国文化精神便要把外面大自然和人的内心德性天人合一而艺术化，把自己生活投进在艺术世界中，使我们的人生成为一艺术的人生，则其心既安且乐，亦仁亦寿。又如中国人的亭园布置，只在家里庭院的一角落，辟出了一个小天地，一花一草，一亭一阁，莫非艺术境界。甚至亭阁中所陈设一桌一椅，一杯一碟，一花瓶，一竹帘，种种皆见艺术心灵。又如造一桥，修一路，皆经艺术设计。画一幅山水花鸟挂在房间，只是一株垂柳，一双飞燕，一个牛亭，一只渔船，也便如这个艺术世界就在身旁。中国的画境，有自然必有生命，有生命必有自然。如杨柳燕子，如野村渔艇，如芦雁，如塘鸭，要以自然为境，生命为主。此生命则安放在艺术境界中，而自得其乐。这即是中国文化精神与文化理想在艺术中之透露。

我非常欢喜中国式的园林，而说不出其所以然。有一次我在加拿大多伦多游一园林，乃是模仿中国式的，里面一棵苍松，旁栽一株稚柳。我忽然心领神会，苍松愈老愈佳，稚柳愈嫩愈好，两相衬托，那是自然，而同时亦即是艺术。那自然已经过了人的心灵的培植和布置。艺术中的自然，虽经改造，而仍见其极自然，别具匠心，而不见有斧凿痕，只见是天工。机器世界则是人征服了自然来供人使用，艺术世界乃是人融化进自然来供人享受。因此艺术似乎没有使用价值，只有享受意味。一幅画挂在墙上和一架电视机放在屋里，岂不大相殊异？墙上的画，可以和你心灵相通，主客如一。电视机对我们生活有作用，无意义。机器和人生中间总是有隔膜，互不通气，没有情感。你须打开那电视机，看它所播送，始有意义价值可言。那已是超过机器，进入另一世界了。但一幅画只要你旦夕凝玩，却觉意味无穷。即如你晚上上床睡觉，一副枕头上面还绣上一对鸳鸯，或一丛竹子。中国人总要把你整个日常人生尽量放在艺术境界中，而使你陶醉，而使你不自觉。

中国的平剧，也是把人生完全艺术化了而表演出来，场面图案化，动作舞蹈化，唱白音乐化，整个人生艺术化，而同时又是忠孝节义，使人生道义化。台上布景愈简单愈好，甚至于空荡荡的，这是要你摆脱一切外在条件，一切环境限制，自由自在，无入而不自得。中国戏剧中最难说明的是锣鼓，一片喧嚷嘈杂，若论音乐，那却很像粗野，但此乃是象征着人生外面的一切。一道歌声在此喧嚷嘈杂中悠扬而起。甚至演员跑进跑出，每一台步，每一动作，每一眼神，都和那锣鼓声无不配合。中国人生正是要在此喧嚷嘈杂的尘世中而无不艺术化。中国舞台上的表现，极规律，极机械，但又极自然。可见艺术世界不仅在享受，同时亦在表现。即表现即享受，即享受即表现。不论台上演员，即台下观众，享受中亦有表现，欣赏也即是心灵的表现了。

（五）

以上说明了中国文化中所创出之艺术世界之意义与价值。但今天则西方的机器世界大浪冲来，把我们的艺术世界冲淡、冲破了。我们固不能、也不该拒绝机械世界之进来，但我们仍当保留此艺术世界，要使艺术世界和机器世界再相配合，这可造成一更高的精神界，这将是中国文化更进一步之完成。今天的我们，好像只看重了科学和机器，忽略了在科学与机器世界之后面，还该另有一世界，那就要不得。

中国人一向讲究的礼乐，也是一艺术。礼乐可以陶冶人性，使人走上心生活的理想道路上去。礼乐并不与生活脱节，也不是来束缚生活，乃是把礼乐熔铸到生活中间，而成一种更高的人生艺术化与道义化。西方的宗教，也必配有一套礼乐，跑进礼拜堂，要跪要唱。有钟声，有画像，这些都是艺术，亦都是礼乐。今天西方虽则科学发达，但到底废不了宗教。走进礼拜堂，弯一弯腰，唱一首诗，听一声钟，一切使人获得解脱。不要说死后灵魂上天堂，这一番礼拜，便已如上了天堂般。佛教要空去一切，但也废不了礼乐、钟声、鼓声、膜拜、号唱，哪一样不是礼乐？进入和尚庙，也如进入耶稣教的礼拜堂，总是进入了一个礼乐世界。从前北京大学校长蔡孑民先生曾主张艺术代替宗教，艺术是不是真代替宗教呢？那是另一问题。但艺术总可算是宗教中的一部分，而且是不可轻忽的一部分。在中国文化中，没有发展出宗教。中国人的礼乐，乃是宗教与艺术之合一体。但后来没有好好发展，几乎把礼乐仍归并到宗教里面去，像佛教与道教，那是中国文化本所理想，未能充足表现之一缺憾。

有人说，一神教是高文化的宗教，多神教是低文化的宗教，那不过为信奉一神教者之偏见。多神教、一神教，究竟哪个高，哪个低，不是一句话可以评定。中国人信奉多神，却是艺术意味胜过了宗教意味。超过了人生来发展的便有宗教与科学，本原于人生来发展的便有艺术与礼乐。有一个机械世界，同时亦该有一个艺术世界。有一个礼乐世界，同时更该有一个道义世界。中国人从前对艺术世界创造之伟大，对道义世界之特别加以重视，今天我们希望它能复兴，而一方面又须能接受机器世界，把来融合合一于中国旧有之艺术世界、礼乐世界与道义世界中，那是复兴文化一个应有的前景。

艺术世界、礼乐世界、道义世界，都该属于心世界，也可谓是精神世界。什么叫精神呢？凡从个人心里流出来的，便可叫精神。机器世界从科学家心灵创造出来，科学也可代表一种精神，但机器造出以后，此项精神便没失于物质之内，由是用机器再造机器，不用再花很多精神。人坐在机器旁，服侍那机器，那机器自会活动，在旁的人只要不打瞌睡便行。艺术世界不同，须不断要从心灵中创造出来。学唱学画，一笔一钩，一声一字，都须懂得要从心灵中流出。画家一幅画，作曲家一部曲，代代流传，不断临摹，不断演奏，前代后代，此曲此画之内在精神则依然存在，这就是精神世界。

今天我在此讲话，这个讲堂这许多人，都在物质世界、机器世界中。可是诸位听我讲，在诸位心里发生了一个交流作用，这一交流看不见，摸不着，那就是一个精神世界。我讲这些话，也不是我一人这样讲，乃是我吸取了上世以来无

三 中国文化中理想之人的生活

穷的心，慢慢堆积在我心里，渐渐变成了我心之所想所悟，才把来讲出。或许此所讲，亦可传下去，递有变化。这就上无穷，下无穷，常是存在着，流动着，变化着，这就变成为一精神世界了。

我们在身生活之外有心生活，便该在物质世界之外有精神世界。过去人的心能与现代人的心相通，上下古今融成一个大心。这个大心能通天地，亘古今，而自存自在。天地没有心，人类可以帮它安上一个心。身有限，心无限。若单从物的一面讲，则空间有限，时间也有限。若转从心的一面讲，则成为空间无限，时间也无限。从物世界过渡到心世界，那是人人可能的。若能进入此心世界，此心自安自乐。如孝，也是一精神，"孝子不匮，永锡尔类"。一切道德仁义，也全从人类心里流出。仰不愧，俯不怍，只是一心，即是一精神界。进入此精神界却人人能之，不比艺术，还是有能有不能，不一定人人能在艺术世界中安身立命。所以中国人看重此道义世界与精神世界，又胜于看重艺术世界。

中国古人讲三不朽，立德、立功、立言。科学家可算是立功，但科学家不是人人能做。艺术家可算是变相地立言，那是无言之言，但也不一定人人能做。立德则是进入了精神世界，而是没有条件的，人人能做，所以中国文化中所理想之人的生活，还是以道义为主要。

诸位在今天，能使用机器，欣赏艺术，实践道德，能使我心与古今人之心相通，而知有一精神世界之存在，那便不失为文化复兴迈进向前的一条坦道了。

飞机是一架机器,诸位今天投入空军,便已生活在机器世界中。但诸位生活中,更要须知还有一艺术生活与道义生活在诸位的背后。诸位能心体此意,这便是我今天这一次所讲。

四　民族与文化

（一）

今天讲题是"民族与文化"。第一讲"性道合一论"，第二讲"中国文化中的人和人伦"，第三讲"中国文化中理想之人的生活"，都是偏重在人生问题上。这一讲起，要开始讲一些比较偏重历史方面的。讲到中国文化，首先就联想到中国民族。由民族产生出文化，但亦由文化来陶铸了民族。没有中国民族，便没有中国文化，但亦可说没有中国文化，也就没有了此下的中国人。天地生人，本没有分别，分别则在民族血统上，乃及文化上。今天是特地从民族方面来讲文化。

中国民族如何形成？这似乎不是问题，而实是一大问题。中国广土众民，世界上没有哪一个民族拥有像中华民族那样众多的人口。中国占地之广，也非世界任何一个国家可及。由中国人来构成如此一个伟大的社会，这都是受了文化力量的影响。而且此一社会绵延最久。以美国历史来比，不及我们二十分之一。德国、意大利，历史更短。英法两国，也没有超过一千年。所以世界上民族最大、文化最久的，只有中国。

我们读西洋史，最易引起注意的，是他们很看重民族区分。如巴比伦、埃及、希腊，只环绕在地中海一角的小地面上，但民族相异，而又永不相融合。尤其是同在一地，最先由一个民族居住，后来由另一民族侵入，最后又有另一民族进来，记载得清清楚楚。即如现代欧洲，地面也不算大，然而民族分歧，也永不得相融合。英伦三岛，最先是某一民族居住，最后又是某一民族侵入，直至目前，英格兰人、爱尔兰人、苏格兰人，还是有分别。难道中国大陆上一生下来的便都是中国人，其间更没分别吗？难道上古三皇、五帝，伏羲、神农、黄帝、尧、舜，直传下来，便只是一个中国民族吗？我们读了西洋史，回头来读中国史，只觉得中国史上很少讲到民族问题，使人不易看清楚中国民族究从哪里来，又如何般生长形成。我们只能粗略地说，正因我们中国人向来不看重民族区分，因而很易成为一个大民族。西方人正因太看重了民族区分，因而民族和民族间遂致不易相融合。

（二）

现在我们再追溯到历史上来讲，中国古代有氏、姓之分。男人称氏，指其居地言。女人称姓，指其血统言。若把我们古史上所见的姓氏仔细加以条理，可见某一同血统的氏族分布在哪几处地区，或亦可指出其最先从哪一地区，随后又转移迁徙到哪一地区去。如此说来，在中国古代，未尝不是有许多异血统的部落同时存在。如炎、黄相争，亦未尝不是中国古史上一种民族斗争，但后来我们则自称为炎黄子孙，至少此一民族界线早已泯灭了。因此我们只认中国古代有氏族之分，却不认为有民族之分。

下至西周时代，列国分封，绝大多数是姬姓，然不能说那时的中国已由姬姓民族来征服统治了其他各民族。在古史上其他帝王的后代也都有封国。到东周春秋时，诸侯列国同称诸夏，当时他们都称是夏王朝之后，都是历史上一个传统流衍而来。如孔子是殷代之后，他生在鲁国，居在鲁国，又说："郁郁乎文哉，吾从周。"从民族观念上说，孔子也认是诸夏，是当时的中国人。在政治观点上说，则孔子主从周，不主从夏或从商。但当时诸夏之外还有许多蛮夷戎狄。那些蛮夷戎狄像是异民族，其实不尽然。如晋献公娶大戎狐姬小戎子，姬是周姓，子是商姓，可见大小二戎皆与诸夏同血统。又娶骊姬，可见骊山之戎亦同是姬姓。又有姜姓之戎。如此之类尚多。可见当时夷夏界线之分主要在文化，不在血统。楚国自称蛮夷，后来亦渐被认为诸夏了。吴越皆诸夏血统，在春秋初年不与中原诸夏相通，当亦在蛮夷之列，到春秋末年，亦为诸夏之盟主。可见讲《春秋》的学者所谓"诸夏而夷狄则夷狄之，夷狄而进乎诸夏则诸夏之"，此说决不错，而夷夏界线在文化不在血统，即此可证。

从战国到秦代，中国大陆上便已融合为一民族。《中庸》所说："今天下，车同轨、书同文、行同伦。"当时的交通文字和人伦道德，都已统一。而所谓中华民族，亦至是遂臻确定。那是在中国文化中最值得大为阐扬的一件事。中国文化不仅由中国民族所创造，而中国文化乃能创造中国民族，成为有史以来世界上独一无二的大民族，那还不见中国文化之价值，那还不值得我们来阐扬其甚深意义之所在吗？

血统是民族特征之第一项，居地是第二项，中国古人对于居地能影响当地居民性格方面之关系，亦认识得很清楚。《小戴礼记·王制》篇有云："凡居民材，必因天地。寒暖燥湿，广谷大川异制，人生其间者异俗。刚柔轻重，迟速异齐，五味异和，器械异制，衣服异宜。修其教，不易其俗，齐其政，不易其宜。中国夷狄五方之民，皆有性也，不可推移。"那是说天时气候、温度湿度、交通物产、环境上有了种种差异，便影响到各地居民之性格，如刚柔、轻重、迟速，乃至习惯风俗之一切，以及饮食、衣服、使用器械种种之相异。中国古人承认此诸相异，并认为此诸相异不可强同，重要者在此诸异之上，要能修其教，齐其政，要教化修明，政治齐一，务求对此五方诸民均能使其皆有安居、和味、宜服、利用、备器。至于其语言不通、嗜欲不同也所不妨，只要能达其志、通其欲便是。当知此一理论，便是中国文化所以能在广大土地、复杂居民之上，渐渐融成出一大民族来之主要原因所在。我第一讲"性道合一论"，亦可用此一节话来互相阐发。

依照中国人想法，天时、地理、血统不同，民族性不同，均不碍事。只要有一番教化，在此教化之下，有一番政治，教化与政治便可形成一个文化而发出大力量来，自然可以道并行而不相悖，万物并育而不相害，自然可以尽己之性而尽人尽物之性，自然可以会诸异于大同，而天下自达于太平之境。试问此是中国文化理想中所含蕴的何等见识，何等抱负？宜乎在此文化大理想之下，可以形成一伟大无比的大民族，而直传至今依然坚强不衰，刚毅不屈。在将来，它依然会发生大作用。诸位如读西洋史，如古代之希腊罗马，中古封建社会神圣罗马帝国，至近世现代国家、帝国、殖民、资本主义，各有它们的精彩处，但永远为一个民族纠纷所缠住而不得解脱，而使西方文化永远有其一限度。所谓"考诸三王而不谬，建诸天地而不悖，质诸鬼神而无疑，百世以俟圣人而不惑"者，只有中国历史、中国文化所悬此一理想可以当之。若仅在物质上求发明，当知会永远达不到此境界。

现代西方的科学发明，关于天文学、气象学、地质学、生物学、心理学、考古学、人类学、社会学，乃及现代新兴之文化学，种种知识，实可对我上引《王制》篇中一节话加以种种证明，种种发挥。但只缺少了一番一视同仁的文化理想，来为世界各地居民建立一个共同的政治与教化，来为世界各地居民迪其志，达其欲。所以西方历史上任何一个民族纠纷，直到今天不得解脱，而且仍会不断纠纷下去。若反观中国历史，好像中国民族如自天下降一般，好像中国民族自始便是一个中国民族。到今天，却觉得中国民族没有一股力量像西方般也能来欺侮人，而且还不能避免别人之欺侮，就反而指摘中国文化之无意义与无价值，那真是一种短视，一种谬见，我们不该不加以纠正。

（三）

我们再从上引《王制》篇那一段话来说，世界人类同是天生，人性应是相同，但因居住环境之不同，大同中不害有小异，则中国民族之民族性，自应与西方民族乃及其他民族有其相异处。不仅中国民族与其他民族有异，即在中国之南方与北方，其民性也不同。东南区与西北区又不同，东北区与西南区又不同。但中国人却只说"道一风同"，这是在小异之下仍可有大同一明证。道一风同即指文化言。

中国人有此文化信念，故不重视那些血统相异，不认为异民族便不能融合合一。在秦汉以后，中国北方大敌有匈奴，那里的天时地理、交通物产，和中国内地相异太远。当时中国人也说匈奴是夏代之后，但中国人并不看重这一点。中国人那时的意见，一是拒诸塞外，求能不来为中国之害。一是招他们来居住内地，好让他们在中国内地之政治与教化之下逐渐同化。那本是中国文化一大理想、大抱负。

可惜东汉三国以下，中国内部自己的政治教化力量大大衰退，遂致有五胡乱华之大灾祸。其实五胡乱华那些胡人，本已早居住在中国内地，如刘渊、石勒、苻坚之辈，也多少受了中国文化陶冶，也早如一中国人。所谓五胡之乱，也近是一种内乱。而此下的北朝，则成为另一时期之华夷杂处，与春秋时代之华夷杂处也有其约略相似处。

下到隋唐统一,中国地面上又尽变成了中国人,异血统还是成了同民族。在唐代,有不少政治上、学术上杰出人物,论其血统,则本是一胡人。

此下辽、金、元时代,还是不断有异族内侵,但到明代统一,那时又是在中国地面上的尽变成了中国人。在那一时期的历史上,又有许多政治上、学术上的杰出人物,论其血统,则本是异民族的。而在中国文化之继续发展上,他们亦曾尽了一番力量与贡献。

清代入主到今天,满洲人也尽变了中国人。中华民国创建,高呼五族共和,照中国文化理想与历史实证,将来的五族也自会融成为一族的。

中国人又有一理想,认为地域太远,行政上、教化上有许多不方便,则只求其能文化融合,不必定要合成一国。如韩国,远在周初,殷人箕子早已到了那里,他们早与中国文化有关系。又如越南,周初也曾和中国有来往,秦代早列为中国之一郡,此后不断有中国人前去,但中国人只求对韩、越两地有文化传播,不想有政治统制。明清两代,此一关系最属明显。在明清两代,还有不断的海外移民,他们随带着自己的一套文化前去,传宗接代,拳拳勿失,但对其所居地之异民族、异文化也能和洽相处,既不抱蔑视心,也不抱敌视心,处处没有一种狭义的民族观念之存在与作梗,此是中国文化伟大、民族伟大之一证。

现在再说到文化相异,由于民族性不同。而民族性不同，则由于自然环境之影响。此一观点，本是与中国人向所抱持之天人合一观与性道合一观相通合一。而中国民族文化则是在北温带大平原农耕地区上发展生长，因此中国文化得天独厚，其民族性最为平正中和，最为可久可大，此则称之为中华文化之同化力。此一种同化力，第一是先同化了此一地区内之各民族而成为一民族。第二是文化向外，把四裔异民族尽化为同一文化，如韩国、越南与日本。第三是异民族入侵而同化为中国民族，如汉后之五胡，如宋后之辽、金、蒙古、满洲。第四是异文化传入而同化为中国文化之一部分，如印度之佛教。宗教以外有艺术，如塔庙建筑，如绘画，如石刻，如雕塑，如音乐舞蹈，其间皆有外来成分。智识方面亦有不少外来成分，如天文历法，乃至如水利。东汉时治河，用一韩国人王景。故中华民族能不断吸收异民族，而中华文化亦能不断吸收异文化。

（四）

中山先生提倡革命，乃是政治的，并没有提倡文化革命。现在蒋公提倡文化复兴，亦不是说文化革新。如一盏灯不好可以换一盏，一辆车不好可以换一辆，一所房子不好可以另造一所，一条道路不好可以另修一条，这叫作革新。物质方面可以革新，但很难把一民族革新成另一民族。如最近以阿战争，埃及人所驾飞机，与以色列人所驾飞机，不管是美国造或者是苏维埃造，总是差不多。两国空军一碰头，这是人的不同，心理的不同，性格的不同，那就有大差异。以色列人可以改用俄国机，埃及人可以改用美国机，但双方民族精神则不易对换。而列阵决胜负时，主要因素则在双方的民族精神上。

民族创造文化，文化也可以创造民族，可以陶冶个人。世界上最伟大的思想家、宗教家，如孔子、释迦、耶稣、穆罕默德，他们生在不同的环境和不同的历史文化里面，形成了他们不同的思想与信仰。而他们的思想与信仰又影响了他们各自的民族文化。

倘使孔子不生在中国而生在印度，就不会是今天的孔子。孔子是中国北方的天时、地理、物产、交通种种自然环境乃及历史文化、社会风俗积累的大传统之下所产生。倘使耶稣生到中国来，长在春秋时代，他就不会成为今天的耶稣。耶稣说："恺撒的事恺撒管，上帝的事由我管。"当时犹太民族是罗马帝国的奴隶，他们过着长久的流亡生活，从这里流亡到那里，痛苦已极，就有他们的先知告诉他们说，一定有个上帝会来拯救我们犹太人。耶稣接着说，上帝不仅要救犹太人，还要救世界人类。至于当时罗马恺撒的政权统治，耶稣也无奈何，只有由他去。若使我们今天到印度去，还可依稀想象到一点释迦牟尼当时的心情。到了阿拉伯沙漠地带，也可约略想象到当时穆罕默德的心情。

但春秋时代的中国社会，就一切都不同，那时已有天子诸侯卿大夫，政治上有一套，尧、舜、禹、汤、文、武、周公以来，历史上又有一套。论其天时、地理、物产、交通、自然大环境，又和释迦、耶稣、穆罕默德三位所处大不同。因此我们可以说，乃是由中国社会中国文化而产生了孔子，孔子又光大了中国文化。印度社会、印度文化产生了释迦，释迦又光大了印度文化。耶稣、穆罕默德，也都是在不同的社会环境与文化历史之下，产生不同的思想与宗教。他们的思想和宗教，又影响了此下不同的文化。

但从另一面讲，同一文化也不定能融为同一民族。如西欧，他们可说是同一文化。但如拉丁族、条顿族、斯拉夫族，此种民族界线永远在欧洲史上引起无穷纠纷。而且西欧亦可说是同一宗教。西欧文化应说是由中古时期的基督教开始。但同一宗教亦不能融化成同一民族。甚至同一民族、同一文化在同一地区，地区并不大，而仍不能共同建立一国家，如古代之希腊，近代之西班牙与葡萄牙皆是。若要他们建成一大国，则必由武力征服而成为帝国型，如古代之罗马，近代之大英帝国。此与中国之由同一民族、同一文化而建成之国家大不同。更甚至于在同一国家之内，而仍各保持其各自之独立地位，并不能融凝成为一体，如英国之有英格兰、苏格兰与爱尔兰。西欧近代科学发展，地理、交通、商业经济，均已化成为一体，而依然分疆割界，诸国林立，不能融合。以前是西欧鼎盛时期，世界任其宰割，各自争霸争雄，犹自可说。此刻则苏俄眈眈在旁，一面共同需要美国之支援，而其内部仍是钩心斗角，互相龃龉，互相排拒，仍不见有稍微之改变。试问原因何在？则不能不说仍是受其文化精神之影响。

四　民族与文化

古代希腊人便说，知识即是权力。近代西方人依然抱持此观念，说科学可以征服自然。当知此一观念，就人对物言，似无大病。就人对人言，则正贵能在人类自身发展出一套合情感、合理想的文化，化异民族为同人类，在此高天之下，厚地之上，共同生息，共同相处，以同跻于一个大同、太平之境。就此而言，则中国文化之伟大亦自可想见，不烦深论。

中国古人说："大道之行也，天下为公。"所谓大道，正是指的人类一种合情感、合理想之伟大文化言。此刻则无可讳言，正是一个天下为私的世界。中国传统文化正该为世界人类善尽其一份应尽又可尽之责任。近代中国只有孙中山先生深知此义。他在讲民族主义时，曾举一例说，有一香港码头工人买了一张马票放在他竹杠里，到开奖时，一看中了奖，喜极而狂，他想已中了头奖，此后决不需再做一码头工人，就把随身竹杠丢到海里，却连奖券也丢了。中山先生告诉我们，要讲世界大同，正需我中华民族发挥其传统文化，善尽职责。当前我民族受尽折磨，历尽艰辛，正如一竹杠之可厌可鄙，但头奖却在那竹杠里。中国民族自己看轻自己，把中国文化传统自己丢弃了，却要来高唱世界大同，这就和那香港码头工人一般。中山先生此一譬喻，实是大堪深思。此刻蒋公提倡文化复兴，便是教我们要在竹杠里找寻出那中了头奖的马票来。

现在就比较乐观的一面讲，现代科学已使世界交通、经济、物产化成一家。目前的联合国，只要继续进步，也可使世界政治渐向调和融合的路上走。最难的却在各民族文化精神有不同，更要的是宗教信仰之不同。若要世界各大宗教融化归一，此事颇不易。但在中国社会里，各宗教却可以和平共存，不起大冲突。此事远从唐代以来已可见。那时佛教、回教、耶教都已同时在中国存在。直到目前，并未为宗教问题而使中国社会发生分裂。纵亦时有小纠纷，到底非是一件不可弭平之事。如此可证，将来世界各大宗教之大合流，亦很易在中国社会中形成，亦恐只有在中国社会中能形成。

今试略去世界各大宗教信仰内容之相异于不论，而各大宗教则共同有一套外在之礼乐，亦可说各大宗教有一共同形式，即礼乐。而中国传统文化又是极尚礼乐的。世界各大宗教未免在其外在之礼乐上多拘泥，中国传统文化则虽极崇尚礼乐，而在礼乐上多变通，少拘泥。有人提倡以艺术来代替宗教，但艺术含义较狭，不如说礼乐更较具体实在，而含义亦较深广。

再说各宗教之共同精神，几乎全信有一上帝。换言之，均信在人类之上有一最高不可知之主宰。中国文化传统正是同有此信仰，而能提出天人合一、性道合一之理论，把此一不可知之主宰与现实人生相融合，而弥缝其间之裂痕。只有佛教，依法不依天，重内不重外，与其他宗教相异。但佛教之出世精神早已在中国文化中融合了，早已变成一种人文中心之新教义。此后中国若能更发挥其天人合一、性道合一之理论与信仰，而文之以一套新礼乐，在中国社会上一向所想象之儒、释、道三教合一，未尝不可再上一层，来一套五教合一，乃至诸教合一。此一理想，虽尚远需时日，但在中国文化中演出，实非一不可能之事。

以上说明了中国文化同化力之大，可以化异民族为同民族，岂不能化异宗教为同宗教？世界大同必由此途迈进，而中国文化之所以必将大行于世界者亦在此。

今再申言，武力、经济、政治、宗教，均不能统一世界以进达于大同之境。只有文化有此力量，有此功能，而中国传统文化则最为近之。

千言万言，并归一言，请诸位对民族知自尊，对文化知自信，对此一根竹杠善为保持不失，则马票头奖还是在内。而获得此头奖之后，将仍是用在公，不是用在私，此乃中国民族之真实足以自尊，中国文化之真实可以自信之所在。设若不信，则请从中国民族文化五千年历史上去细细追寻。

五　中国文化的进退升沉

（一）

今天讲题是"中国文化的进退升沉"。前三次所讲，是中国文化的本质与特性，侧重内容方面。四、五两讲偏重历史向外的一面。

任何一种文化都由曲线前进，有时上升，有时下降，只看历史上各时期之治乱兴衰，便可见其文化进退升沉之大概。主要是在能指出我们的文化在什么情况下上升前进，在什么情况下下沉后退。尤要在能找出其进退升沉的原因何在，我们才有办法要它上升，不让它下沉，这是我此讲的主要意义所在。

什么叫文化？简言之，文化即是人生，文化是我们大群集体人生一总合体，亦可说是此大群集体人生一精神的共业。此一大群集体人生是多方面的。如政治、经济、军事，如文学、艺术，如宗教、教育与道德等皆是。综合此多方面始称作文化。故文化必有一体系，亦可说文化是一个机体。

等于人之一身，耳用来听，眼用来看，五官、四肢、内脏各部各有各的作用，而合成为各人之生命。所以文化是多方面的人生，定要互相配合成为一体，不能各自分开独立，否则便失掉了意义。我们讲文化，应从文化的多方面来了解其总体系，再从其总体系来了解其各部分之意义、责任与地位。

如讲经济，衣食住行都包在内，而经济自身也必自成一体，此体则从多方面配合而成。如我身上一对眼睛，也是一个体，而眼睛又从各个细小机件配合而成。一双耳朵也是一个体，也由各个机件配合而成。如果哪一机件有问题，便可影响到全体系。经济是一个体，而有经济的各面；政治又是一个体，又有政治的各面。一个大群集体人生中，不能没有经济，没有政治，又要有军事武力，又要把经济、政治、武力，多方配合起来。政治不能单独存在，经济、军事亦然。说到文化之大体系，则不仅包括着政治、经济、军事，还有其他各方面，较之这三方面更为重要的。所以我们讲文化，该一层一层分析着讲。

文化的第一层，也是文化之基层，便是上述经济、政治、军事三项。此一基层安定了，才能发展到其他阶层。如文学艺术已是文化之第二层，即文化之中层，等于树上开了花，必须有根有干才始能开花。由是进到文化之第三层，即文化之上层，乃有宗教信仰。在人以外的天地则更广大了，在人以内之精神则更精微了。同时又会有哲学思想。从宗教信仰与哲学思想里面发展出人生之道德来。道德和法律不同，法律可由政治来制定，道德则由人生内部，经过一层层的展演而到达了其最高阶层。凡此皆由教育来传递，可以无穷传下，而文化始有一极深厚之传统性。

以上种种，又须层层配合，这一文化才是一理想的文化，有体系的文化，一机构健全的文化。有些文化体系不能配合各方面。有的宗教发展得很高，而不曾注意到其他阶层，如耶稣说上帝的事由我管，恺撒的事由恺撒管，耶稣所管的事，乃指我们人类死后灵魂上天堂而言。此因当时犹太社会文化发展不健全，政治、经济、军事种种都由罗马恺撒管去了，犹太人自己管不到，因此耶稣也管不到，此乃一种政教分离。因此耶教信仰虽高，不能由此演出一套合理想的文化来。到了罗马帝国崩溃，欧洲中古时期的社会几乎全由宗教管理，他们想由此来建立起一个精神罗马帝国，由宗教来统治政治。但此理想未能完成，而政教上屡屡发生大冲突，这依然是一个政教分离的局面。政治不能管宗教，宗教也不能管政治，就同人的眼睛与耳朵不能配合，眼睛要看，耳朵不去听，耳朵要听，眼睛不去看，不能好好配合成一体。到他们文艺复兴时代，又加进了希腊罗马的古文化。那时西方文化才突飞猛进，但仍管不到宗教，乃有信教自由一口号之提出。则那时西方文化各方面还未能好好融成为一体。现代科学兴起，西方世界益见灿烂，但现代科学与宗教信仰也仍有未能融洽之处。由此言之，西方文化直到今天，还是有未能好好融为一体之缺憾。

（二）

　　以上说文化是由我们人生多方面慢慢配合而成，而其各种配合则不尽相同。就理论言，则必求此文化大体系中之各部门各方面，都能配合到一恰好处，始得为一健全之文化。又须此文化体系中各部门各方面的人，都能了解此文化，照顾此文化，此一文化始能继续上升，不致后退。如一个家，其家中人能人人心中同有此一家，则此一家必会旺盛。如其家中人人心中并无有此一家，则此家必会衰落。任何一社会，或国家民族，亦复如是。若要关心国家民族之较大体，则只有从文化上关心。我说文化乃是一民族大群集体人生之一种精神共业，此一大群集体中多数人的文化意识淡薄，文化精神消失，则此一文化必然会下降与后退。中国古人则称之为"道不明""道不行"。

　　中国历史上经历了好几番衰乱和黑暗时期，如东汉之末，下迄三国乃至五胡乱华，南北朝分裂对峙，此为一长时期。唐末五代又是一时期，年代虽不如汉末以后之长，而情形更严重。宋金对峙，下至蒙古入主，又是一时期。明末流寇引起满洲入主，又是一时期。当前又是一时期。每一时期之堕退与下沉，或从外患到内忧，或从内忧到外患，事非一致。但内忧影响深，外患影响浅。人必自侮而后人侮之，国必自伐而后人伐之，此乃千古通律。每一时期之堕退与下沉，最可见者，必曝露在政治、经济、军事之三方面。但其最先受病处，则或不在此，而在学术思想、信仰风俗比较隐微不受注意之一面。如汉末三国时，事非不可为，人才亦辈出，但当时儒学消沉，老庄清谈不足挽此局面，整个民族失却领导而循至于糜烂。唐末五代，骄兵悍卒，长期割据，而佛教与禅学，山林空寂，其势自不足来挽救此时代。蒙古入主而中国社会文化潜力犹在，故未百年而元代即覆灭。明代开国，其时形势则远较宋初为优。满洲人入关，其时社会文化潜力亦尚旺盛。故明清之际，就整个民族言，亦实无甚大之变动。

中国文化向极注重人文精神，而人文精神的主要重心则在人的心。心在万物中为最灵，一人之心可以影响、转移到千万人之心。心转则时代亦随而转。中国人的文化信仰及其文化理论，最注重者在此。所以各人之正心诚意，成为治国平天下之基本。唯修道必先明道，复兴文化必先知有此文化，了解此文化，故正心诚意又必先之以致知格物。因此历代文化之进退升沉，虽其最显著的迹象必归宿到政治、经济、军事之基层，但求其渊源，最主要的还是在学术思想、信仰风俗，深着于人心内部之一面。

各民族文化体系有不同，故其文化力量之发现与其运使，有的重在外，有的重在内；有的重在上，有的重在下；有的重在大群，有的重在个人。中国文化之主要根基，则安放建立在各别个人之内心。文化力量有结合，有分散。由各个人的扩展而结合成为大群的，是为文化之前进与上升。由大群的萎缩分散而成为个人的，是为文化之后退与下沉。光明变为黯淡，黯淡又变为光明；安定变为动乱，动乱又变为安定。前进之后有后退，后退之后又有前进；上升之后有下沉，下沉之后又会有上升。其机栝则在人之心，更要乃在每一人之心。

中国人认为经济、军事须由政治来领导，而政治则须由教育来领导，故道统高出于政统，而富强则不甚受重视。故在中国人说，文化之进退升沉，则只是道之进退升沉而已。今人所谓之"文化"，中国古人则只谓之"道体"。明白到此，则文化之进退升沉，其权其机栝，乃在个人身上，个人心中，可以不言而喻。像现在外面资本主义跑来，使我们贫不能自存。外面帝国势力跑来，使我们弱不能自存。依照中国古人想法来谋求对付，也不能单在富国强兵上着想，主要须在整个政治问题上着想。而整个政治问题则主要不在求富强，在富强之上还有一个道的问题。若能善尽吾道，则谋富谋强以求自存，自亦在道之内，而富强不致成病为害。若仅求富强，则富强亦可成病为害。富强而危亡随之，古今中外不乏先例，中国人则悬此为炯戒。

（三）

今天我们的问题，乃在我们自己传统文化又正在后退下沉之时，须如何谋求复兴。并不是说中国文化根本要不得，须求彻底改造。若使我们内部自身根本没问题，自己的文化传统正在光明昌盛之际，而外患抵抗不了，这始是自己文化本身不够力量，抵挡不了外面异文化，乃是文化本身有问题，须求根本解决。但事实并不如此。中国文化能抟成这样一个大民族，绵历五千年直到今天，没有另一民族可和我们相比。现在世界上强大国家如英、法，不到中国历史五分之一，美国只有中国历史的二十分之一，苏维埃只有中国历史五十分之一。古代民族如埃及、希腊都不能继续存在。据此可知中国文化之价值。但其价值究在哪里，则有待我们今天自己来发见，来认识。

此刻只就历史外面看，中国史上最伟大时期首先是在春秋战国。春秋时有两百多个国家，到战国只有十几个，到秦代而统一。诸位当知，此乃世界历史上一奇迹，我们不该忽视。若把中国历史上的秦汉和罗马相比，罗马是一个帝国，乃由武力向外征服，中国秦汉统一则是文化之向心凝结。即论秦始皇，宰相李斯是楚人，大将蒙恬是齐人，其政治组织乃是郡县的统一，不是征服的统一。当时疆土已和后代中国差不多，而没有现代式之交通，又不用庞大军队，此项统治，岂不是一大奇迹？秦汉以后有隋唐，又一度为大一统之盛世。罗马覆亡了，再不能复兴；但汉末三国，唐末五代，两度分裂，仍有宋代继起，中国之为中国者如故。西方自罗马覆亡直到今天，各国林立，再也不能有统一局面。此是东西两方政治上之相异。

有人说，中国是一个农村社会，应属为农业文化。西方文化则起于都市，乃为一种商业文化。然西方现代都市，乃在中古时期以后，在意大利地中海沿岸，在北欧波罗的海沿岸，逐步兴起。中国都市则远从春秋战国直传到今。如苏州，最先是春秋晚期吴国首都，到今已两千多年。宋代金兀术渡江，苏州一城便杀了五十万人。如广州，秦代立为郡，一向比苏州更繁盛。唐末黄巢作乱，打到广州城，外国蕃商在此被难者有十万人。试问西方历史上，在与中国唐宋时代，能有如苏州、广州般城市否？其他如扬州，如洛阳，如成都，中国历史上的大都市，实是数不胜数。政治组织上每一县，同时也即是一商业中心。国内国外商业之庞大繁盛，实是远胜西方。但中国文化到底没有发展成一个商业文化，中国社会也从来不会发展成一个资本主义的社会。此是东西双方商业经济上之相异。

提到军事武力，亦值自夸。北方边境之绵长无险，已是国防上一大难题。而汉代之匈奴，唐代之突厥，为中国军队打垮了，跑到西方，依然所向无敌。蒙古武力震烁一世，但蒙古人力征东西，最后始能进入中国。最先被驱逐也是在中国。我认为中国人实具两大天才：一是能打仗，一是善经商。但中国文化不讲富强，帝国主义、资本主义永不在中国出现，此乃中国文化一特殊最长处。不应反认它是短处。

至于文化演变有前进，有后退，有上升，有下沉，此乃无可避免之事。五胡乱华，先由中国招请他们内迁，这也是一件奇怪事。现代西方只要殖民到外国去，中国汉代却招请胡人移殖到中国来。若不是政治上先发生问题，起了内乱，此项招请，也许可成为历史佳话。蒙古入中国，在中国文化上自然是一大打击。马可波罗东来写了一游记，当时欧洲人不信他说的是实话，他们认为世界上不会有那么一个国家，那么一个社会。直到最近一百年，中国人碰到了欧洲人，情形就大不同，政治、经济、军事，西方似乎样样比中国强。而且西方也同样有文学，有艺术，有哲学，有宗教。这一次的外患，和从前历史上所遇外患远相异。难怪中国人要失去了他自己民族的自尊和文化之自信。除却学步西方，一点办法也没有。

但我还要说明的，在前清道光年间鸦片战争以前，中国已经内乱迭起，最后有太平天国。那时政治社会腐化，内忧已深，即使欧洲人不来，中国政治也要垮，社会也要变。坏的是内忧外患两症并发。最先想练军兴武，继之想变法维新，最后始是孙中山先生起来排满革命，创造中华民国。那时一切都该要变，然而要变则便多牵涉。这里变，那里亦要变。最重要的是教育。

唐以后，一向都用科举考试。教育在社会，考试在政府。由明到清，考试用八股文，社会教育也大受影响。中国传统文化精神，早在社会教育中有褪色。一旦新教育兴起，学校制度全仿西洋，教育方针亦随着西方走，教育之最后顺序便成为选派留学生出国。最先留学生都学的是法制与军事。又留学生的年龄太轻，对中国自身社会不了解，对中国以往历史无认识，并不知中国当前真需要的在哪里。跑到外国去，三年五年，只在学校里用功，对外国的一切也无真知。一旦回来担当国家社会重任，宜其有扞格。而一时风气已成。没有钱，得不到公费，便到外国去做工，所谓勤工俭学。国内学校亦相率外国化，连小学也得学英文，多半时间都花在上面。大家心存爱国，而对民族文化传统全然不知。如一人百病丛生，而不知病在哪里，又不知有何药治，只到海外求奇方去。今天的中国，真是碰到了中国历史上从来没有的一大难。在无可奈何中，只有找寻文化种子再来好好培植。

（四）

所谓文化种子，在历史上遇乱世，不是埋藏在下，便是逃避在外。

春秋时代，文化种子埋藏在贵族阶层。孔墨新生机，从下层崛起。此时期为中国文化最有生命力之表现时期。

东汉末，文化种子埋藏在大门第，而不免为老庄清谈所腐蚀。北方经五胡骚乱，文化种子逃避到边区，如辽东，如西凉。

唐末五代，文化种子或则逃避至十国，如蜀，如唐，如闽，如吴越，多数都埋藏在山林、寺庙与书院中。直到宋兴六七十年后，始有起色。

元末埋藏在社会下层，当时南方经济好，书籍流传易，故文化种得到处留存。

满洲人入主，文化种子埋藏在社会各阶层者，亦深亦厚。故元清两代情形，较之五胡、北朝、唐末五代时较好。

当前中国期求文化复兴，只有望之逃亡在外者。在台湾，在美国，在欧西，在南洋各地，此为中国此下文化复兴唯一可望所在。只要在此各地，有人对民族有自尊心，对文化有自信心，文化复兴机缘已熟，正如箭在弦上，一触即发。

即在大陆，我们不要以为中华文化已经被毁灭了。中国文化是毁灭不了的。古人说："人穷则反本。"又说："穷则变，变则通，通则久。"我们在此时机提出"文化复兴"一口号，正是国内外人所共同想望、共同盼切的。事在人为，顾亭林说："天下兴亡，匹夫有责。"我们可改为"文化兴衰，匹夫有责"。待我们大家来努力。

六　中国文化与世界人类的前途

（一）

诸位，我这一次在空军前后八次讲演，都是以中国文化为中心。一、二、三讲是讲中华文化的理想，有关人生生活方面的。第四讲文化与民族，讲的中华文化如何而来，这一民族为何能创造这一文化。第五讲从历史上来看中华文化的进退升沉，有时候我们的文化前进，有时候后退，有时上升，有时下降，为什么？这两讲，比较从历史方面着眼。今天讲的是"中国文化与世界人类的前途"。暂时脱离了我们自己来看一看外边，看看这个世界，使我们了解中华文化现在的处境，与其将来的前途。

我以一个中国人立场来谈世界人类前途，脱不了有些中国人的主观，不免有眼光狭小、情感自私之病。但任何一外国人来看中国看世界，又何尝不如此？我对世界情形，可说是一外行。我只读几本中国书，没有接触到国际问题的任何经验。可是有些外国人，没有到过中国，不识一个中国字，也在那里讲中国。外行人讲话，有时也值得参考，我们也不必太自谦。

大家知道，世界上有四个最先兴起的古文化，是埃及、巴比伦、印度和中国。到今天，巴比伦没有了，埃及也不是从前的埃及，印度还是一样有广土众民，但印度始终没有成为一国家，长时期被征服，很多小诸侯，永不统一。而且印度人没有历史观念，亦没有历史记录。他们虽然有一种和别人不同的文化，可是他们的文化应该有缺点，不问可知。今天世界就大处言，则有三种文化存在。一是西方，一是印度，一是中国。就实际情形言，今天领导世界的是西洋文化，谁也不能否认。西方文化领导世界至少已近两百年。西方人的势力向世界各方伸张，他们接触到中国，我们中国人也便接受了西方文化之领导。

我且讲一小故事，前清光绪时，我还是十岁左右的小孩，在乡间小镇上一新式小学里读书。这即是中国人接受西方文化一个显著现象。那时在学校教体操的一位先生，有一次问我说：你是不是喜欢看《三国演义》？我说是。他说：这些书你可不要看，《三国演义》一开始就错，所谓天下"合久必分，分久必合"，一治一乱，那只是中国历史走错了路才如此。现在你要知道，像英国、法国，他们治了便不再乱，合了便不再分，你将来该要多学这一套。诸位当知，远在前清末年，在一个小乡镇的小学里，一位体操先生，他的头脑早已那么进步。他的话就可证明，当时西方文化在中国早有它相当的影响和势力，早有人渴盼能接受西方领导。

那是六十多年前的事,在我脑子里还是永远记得。

我说这两百年来全世界逐渐接受着西方文化领导,那是不错的。但进一步讲,西方文化领导着我们的究竟是什么?我觉得,"领导"二字用得不妥当。后来我十几岁时,就知道有康有为、梁启超,知道康有为有《俄彼得变政记》《日本变政考》,梁启超有《波兰灭亡记》《越南亡国史》等书。当时中国被称为睡狮,若再不觉醒,就要步波兰、印度后尘,被列强瓜分亡国。这时上自光绪,下至全国民众,乃至如义和团之类,全都如此想。可见当时我们最先感到的不是西方文化,乃是西方力量。那种西力在压迫我们,不是在领导我们。光绪看了康有为上书,就想变法维新,引起了政治改革。

其实我们当时对西方文化的看法并不错,只要是西方文化伸展到的地方,不管是在欧洲本身,或在美、亚、澳、非各洲,任何一地方,均会发生一种新现象,不是灭种,就是亡国。最轻是贫弱受制。波兰、印度只是其中之一例。又如非洲,有大批黑人变成了奴隶,向美洲新大陆贩卖。我小时也便知有《黑奴吁天录》其书。试问西方文化所到,不用说领导,究曾对其他民族有一些照顾没有?凡属西方文化所到各地,并不见有幸福,反而有灾祸,这是一件不能否认的事实。

所幸是西方文化力量有限,灭种有时灭不了,亡国也亡不了那些被亡国家的民众对于往事之记忆。像我们中国,又贫又弱,一直如不可终日般,虽未亡国,但此一百年常在动荡中，政治、社会、经济、学术、教育，种种动荡，主要则动荡在全国人之心里。这是我们此一百年来接受了西方文化冲击而产生的灾祸。当然，我们自己该负一部分责任。或可说该负大部分责任。然而我认为这两百年来的西方文化向外伸展，并不是在领导世界朝哪一方向走，它是在压迫整个世界其他民族，使得没有路好走。其他民族则都是被动，由他们驱逼，正如赶一群牛一群羊相似。或可说，这也说得并不过分吧。要之，西方文化用意更严重的是要吞并、消灭这世界，让这世界只剩下白种人，只剩下西方文化。

康有为等大声疾呼要变法，孙中山先生起来倡导革命，当然都是受了西方文化影响。但西方文化并没有在领导我们这样干，只是在压迫我们不得不这样干。在西方人讲来，西方文化是值得骄傲的。在不是西方人讲来，西方文化究是可怕可叹的。你要有办法对付他。你要以力对力，否则它会一毫也不容情。

不仅我们接触到西方文化受到很大灾祸，即在西方文化自身内部，到后来，也亲受到了莫大的灾祸。第一次世界大战的现代历史，很明显地摆在那里。可是第一次世界大战并没有使西方人回头，接着又发生了第二次世界大战。今天的世界，依然还是西方文化在领导，试问哪一个敢断然说没有第三次世界大战呢？人类要求和平幸福地生存，便该另找一条路，求能避免第三次世界大战之续发。可是究竟是哪一条路，我们现在还是看不出来。若是第三次世界大战果然会发生，世界人类所受灾祸，当然要比第一、第二次世界大战还

六　中国文化与世界人类的前途

更可怕得多。

我们再回头看第一、二次世界大战受祸最深最大的，其实乃是发动此两项战争的国家，如英、法、德、意、俄诸国。德国是西方文化里值得骄傲、值得钦佩的一个国家，可是两次世界大战均蒙受了极大的灾害。尤其是二次大战后，德国被分割为东德与西德，哪一天再能统一，谁也无法逆料，连德国人脑子里也不敢设想他们何时再能统一。意大利出了一个墨索里尼，到今天，更衰退，不烦详论。

法国两次亡国，全赖英美协力相助，然而今天的法国，正在以仇报德，刻意要损害英美，还想由自己来做西欧霸主。可见他们实在还没有受到第一、第二两次世界大战的教训，所以还是雄心不减，冒险前进。英国本执世界牛耳，有"日不落国"之称，它的国旗二十四小时均有太阳照着，到处都是大英帝国的殖民地。今则大英帝国瓦解了，占领地只留下一香港，再不可能回复往日帝国的好景。最近他们的军力要从东方撤退到苏伊士运河的那一边去，欧洲六国的共同市场，英国想参加，法国人阻挡，参加不进去。戴高乐直告英国人，你们要与美国脱离关系，老老实实做一个欧洲国家，才能加入我们的共同市场。现在英镑又再次贬值，可是英国是否肯一依法国人支配，只求加入共同市场，而不与法国在西欧争霸，那是谁也知其不然的。

英法是西欧文化中最主要的两国，今天都已退为二三等国家。德国尤其前途渺茫。西方文化这一种急退直下之势，真是大值注意。

（二）

西方文化起源于希腊，希腊亡国了，希腊文化也中断了。希腊本是一小半岛，那里只有希腊民族和希腊文化，而不能建成一希腊国，这可说是希腊文化最大一弱点。今天的西欧，同样不像能统一成为一国家。他们也有人希望能由经济融合，慢慢再来政治融合，然而照现在情形看，西欧真要变成一国家，其事很难。这也是西方文化第一个弱点。

西方文化的来源，除了希腊还有罗马。罗马是一个帝国，由不断地向外征服而存在。罗马亡了，也如希腊般，并没有带给西方人一些教训。继续英法两大帝国之后，德国急起直追，要造成一个日耳曼民族的大帝国。两次世界大战，皆由此起。今天帝国主义崩溃，西方这几个文化发源中心地点，并不能把它们原来弱点改进，只是大势所迫，把帝国主义的美梦暂时搁起。而国与国间依然纷争，互不相让，四分五裂，在所不顾，那真是大可惋惜的。

今天领导世界的两大力量是美国和苏维埃，一个是资本民主的，一个是共产集权的。是不是这两个国家能在西方旧有文化之外另外来一套新的，此刻我们还看不出。从容易见得处看，美国文化来自欧洲，尤其承受了英国传统。虽未继承大英帝国的美梦，而其资本主义之发展，则后来居上，远超过了英、法、德诸国。但其社会亦有许多严重问题。首先是他们的家庭几乎已不存在。其次则黑白之间的界限未得融化。其三，青年犯罪及稀癖颓废癫狂派之猖獗。其四，政治上亦毛病百出，所谓民主政治也渐见糜烂，几乎不能与时代相适应。

苏维埃呢？英国爱讲文化的汤因比，认为它是东方文化之一支，想把它在西方文化中踢出。但苏维埃的历史关系与其地理环境，当然属在西方。今天苏维埃的影响世界，西方文化终是丢不掉这责任。马克思从西方教育中长大，在伦敦写他的《资本论》。共产思想由法国传播到俄国。共产主义只是资本主义之反面，没有资本主义，也就没有共产主义。因此资本主义的社会也终于消灭不了共产主义之流衍，这是一体的两面。直到今天，自由西方只讲民主，讲自由资本，但并没有反抗共产主义之决心与可能。越战不仅法国不参加，英国亦然。他们考虑的只是眼前利害，只为自己着想，决不顾到人类共同的道义与共同的前途。

当前的联合国，亦无道义可讲。在联合国中，共产集权与资本自由本属平等地位。只说求和平，但从不在道义上求和平，只在利害上求和平。这样下去，第三次世界大战终将无法避免。大战所以不立刻起来，则因有核子武器，互相惧怕。等于两人持刀相对，各要向前，这事总不会了结。

二百年来西方文化演进，造成了今天的局面。今天的西方文化，显然已走近了末路，至少英国、法国如此。诸位能说帝国主义、资本主义不是西方文化吗？现在帝国主义崩溃，共产主义兴起，还不是这一文化正在走向下坡吗？在这情形下，各地民族纷纷起来组成新的独立国。联合国席位天天增多，今天来讲世界历史、世界地理，实在倍感繁重。正可说这个世界是一个紊乱的世界。

但我们要问，这许多小国，趾高气扬，争独立，争自由，争平等，这些想法，不都是西方文化在领导吗？西方人固然不愿来领导殖民地争独立、平等和自由，实际只是受了西方文化影响，使西方也感到无奈何。再问这许多新兴国家，在西方文化理想之外，有什么新的理想呢？这是没有的。在西方人观点之外有什么新的观点呢？也是没有的。西方文化自身发生了种种纠纷和冲突，才引起第一、第二次世界大战，才分成资本主义社会和共产主义社会之对立。现在全世界各国都是接受了西方文化，只有增加纠纷，增加冲突。希望联合国来调解来促进世界和平与繁荣，也是办不到。如印度和巴基斯坦，埃及和以色列，土耳其和希腊，到处起哄，到处紧张，随时随地总是不安。美苏之间固不致立即引起大战，但小国之间的不断战争，亦可引起大战争。今天的世界，真是谁也不知道明天又会有什么事发生。

（三）

以上只从粗的一面讲。让我们再讲到深处。西方在一百多年前，有两派大思想，激动了这世界。第一派是达尔文的生物进化论。他明白提出物竞天择、优胜劣败的大铁律，这是不是在提倡斗争呢？胜的便是优，败的就是劣。不经胜败，则何见优劣？而且即用来说禽兽草木，如蔓草荆棘岂即是优，名花佳卉岂即是劣？更严重的是漫灭了人类与禽兽的界线，要在人类中强分优劣，其标准则仅凭竞争而定，如此则人类宁得有安定之一日？

更要的是"进化"二字，认为生物不断地在进化，从一个微生物进化到低级的植物，更进到动物，进到脊椎动物，再进到人类，此有科学证据，真实明白，不能否认。但到了人类，自己有智慧来创造人类自己的文化，不该再跟着植物动物一例相看。浅薄的进化论，认为人类也在不断地进步，古不如今，甚至认为百年前决不如百年后，十年前也不如十年后。此一见解，为祸最烈。难道今天我们在电灯光下看书，便一定比先前在油灯光下看书的进步吗？乘飞机坐汽车的一定比古人骑马坐车的进步吗？在使用物质方面是进步了，但并不即是人的进步。中国有孔子，距今已逾两千五百年，印度有释迦，和孔子时代差不多，西方有耶稣，回教有穆罕默德，距今都近两千年，难道今天我们人就都比他们进步了吗？一百年后的哲学家、文学家，难道定胜过一百年前的吗？误解了进化论，它的最大病根，教我们认为后一代必定胜过前一代，叫人类竞求向前，永远没有一个站脚点。又太重了物质的，漫失了人类在其他精神方面之成就。

第二派思想激动全世界的是马克思的《资本论》。在达尔文以前，早有人主张生物进化那一套话。我们不能不说马克思也受了这方面的影响。现在把共产主义和生物进化论简略做一比较，显然马克思也在提倡斗争，和达尔文观点大同小异。马克思把人类划分阶级，他也抱有一套进化论，认为人类历史由奴隶社会进化到封建社会，再进化到资本主义社会，再进化到共产主义社会，一路向前。他又以物质生产工具和生产方式做标准，来批判人类的一切高下。不论文学、艺术、宗教、哲学、政治、法律，都是等而下之，为生产工具与生产方式所决定。达尔文把人和禽兽的界线漫失了，马克思把人类历史唯物化，此两人同是提倡斗争，同是主张进化。恰值近代西方物质科学创造发明日新月异，正足为人类进化之大证据，同时亦是人类斗争之大武器。于是一切科学进步，为此所运用，等于为虎添翼。

达尔文的进化论，在先虽为一部分宗教家反对，但也没有反对到达尔文思想之真病根所在。英国大文豪萧伯纳讲过，一个人在三十岁前不信共产主义，那人就无足道；在三十岁后还要信共产主义，那人也同样无足道。这话毛病很大。萧伯纳是不是在说共产主义可信，只是奉行共产主义之真实情况不该信呢？不仅萧伯纳，罗素也这样，我们从此可以看出西方人思想的本身里面有毛病。他们似乎喜欢以偏概全，不能观其会通。达尔文的生物进化论，把植物动物来概括人类，即是以偏概全。

西方思想之第二毛病是喜欢凭空立论，不切就实际一步步向前。西方哲学家都是仅凭一两个观念，推扩演绎，造成一番大理论，然后再把这番理论应用到现实界，这就出毛病。凭空立论，固易恣肆，但落到实际则不免空虚。达尔文比较从着实处开始，因此易得轰动，但其以偏概全，则更大更深。

今天的人类，似乎应该途穷思变，而究不知从何变起。

现代西方已极少大哲学家、大思想家出现，不再能有新观念、新理论来为当前人类指示出路，解决难题，此乃人人所知之事实。

（四）

再回头来说，我从小听了那位体操先生的话，却早就想中国必该有中国的道理，只我不敢随便批评西方。到了第二次世界大战，西方人自己说，此一战争乃是政治思想的战争。我想西方人不认为民主政治是最进步的政治吗？如何又会发生起政治思想的战争呢？然后我才知道西方的政治思想也多以偏概全，凭空立论。若能因时因地制宜，则政治制度尽可有变通。如英美同是民主，又何尝一律，则又何致因政治思想而引起世界大战？今天他们似乎又变了说法，说各民族可以各有自己喜欢的政治。苏维埃的集权，再不会像希特勒般被攻击。政治如此，经济亦然。亚当·斯密讲自由经济，其所持理论，似乎是千真万确，不会有问题。然而不久之后，保护经济、计划经济，接踵而来，岂不是思想要跟着时代变？若我们再在今天来读亚当·斯密的《国富论》，便见有许多是以偏概全的说法。既是以偏概全，自然免不了有许多凭空立论处。

我认为西方文化，至少是近代的西方文化，有两大病。一是偏向于唯物，一是偏向于斗争。故他们认为文化可以掠取。在伦敦、巴黎博物馆陈列埃及、希腊许多古器物，正是当时英、法帝国主义强夺豪取之真赃实据,而彼两邦不以为耻,转以为荣。在伦敦博物馆有一室,专列雅典古物,并特制一模型,表示雅典在取去此等古器物前后之转变情况。埃及木乃伊,分布英、法、美三国之博物馆。在美国者,则多由资本财富购买而来。我们唐代敦煌古经卷、古佛像,亦大量收藏于伦敦、巴黎,则多由偷窃而去。不知人类文化乃由天、地、人三者配合产生,今将古器物迁移、脱离其原来之天地,则此等器物之生命精神即失去。如英法诸国帝国主义继续披猖,中国曲阜孔庙亦有迁去伦敦、巴黎之可能。然脱离了其原始天地、历史传统,则孔庙精神断不存在。生命已斩绝,内在精神已丧失,尚何文化价值可言?

帝国主义与资本主义同是一战争,一为兵战,一为商战。战争所得,仅属器物,不是文化。科学发明,则仅为从事战争做工具。正可见西方人太看重了器物,而不知看重文化的生命。崇拜希腊,正当尽量保留雅典原形,使世界各地人皆可前往瞻仰,不应把雅典所遗文物囊括席卷而去。今在英、法、美三国博物馆里,除了巴比伦、埃及、希腊古器物外,就少不得要有中国的古器物。此下接着便是现代欧洲科学机器,无放进博物馆之意义,所以他们只有在博物馆之外再来一个科学馆。这里很可看出现代欧西文化之面相。

(五)

今再说,当前世界人类,另外拥有一种优良文化,博大深厚，足以与现代欧西文化抗颜行者，则只有中国。中国文化重人禽之别，重义利之分；尚和平，不尚斗争；论是非，不论古今。正与现代思潮相反。我们傥能不自暴自弃，高瞻远瞩，平心深虑，实在只有发扬中国文化，不仅为救中国，亦可以救人类，此乃中国人当前一大责任、大使命所在。

不幸中国此一百年来，经不起西方文化强有力的冲击，把自己的民族自尊心、文化自信心扫荡一空。不仅军事、经济、政治都向外国学习，连文学艺术，甚至日常人生，都要学外国。自己文化传统，弃之唯恐不速不尽。大批青年之最高理想，最大希望，便在出国留学。在其出国前，对中国社会实情、文化精义，毫无所知。留学则各务专门，不论对其所专门者是否能深入精通，要之，对所留学国家之社会实情及其文化精义亦不深知。回国后，不仅不能沟通中西，并亦不能将其各自专门者互有沟通。正如一人百病丛生，不知病在何处，却向海外求仙方，而所得仙方又是各色各样，种类繁多，回来医药乱投，病上加病。算只有科学可无国界，但学科学的回来后，也感在国内无可展布。于是思想益增混乱，人心全受动摇，唯求再有一变，而共产党遂以据国。

此讲皆属眼前事，诸位且平心细思，莫认我只在此说外行话，说大话，说不合时代思潮之顽固话。若我们能对民族自尊、文化自信有一觉悟，有一转机，我总认为不仅对自己国家民族，乃至对世界人类前途，我们的复兴文化运动该有其贡献。

七　中国文化中的最高信仰与终极理想

诸位：今天讲题是"中国文化中的最高信仰与终极理想"。文化是指某一大群人经过长期的生活积集而得的结晶。此项结晶，成为此一群人各方面生活之一个总体系，其中必然有他们共同的信仰与理想，否则不能成其集体性与传统性。今天我讲中国文化中之最高信仰与其终极理想，乃是要从文化全体系中而获得此认识。

中国文化有一特质值得我们注意者，乃是在中国文化中没有展衍出宗教。佛教、回教、耶教都在中国社会传布，佛教尤其盛行。在中国文化发展过程中，也有其甚大之贡献与影响，但中国文化自身却没有产生一种宗教。古代各民族，差不多文化一开始就有他们的宗教，而中国一向没有。但中国人虽无宗教，而确有其所信仰。为什么中国人自己有一套共同信仰而却不产生宗教？为什么各种宗教都能跑进中国社会，而且跑进中国社会以后，其相互间会不发生冲突？在其他民族中，常因两个宗教碰头引起冲突，甚至发生战争，那些战争可以蔓延扩大，历久不得解决，而在中国独不然。中国人可以有信仰而无宗教，中国社会可以异宗教并存而不起冲突，这些都是极值得我们注意研究的。

（一）

我们今天简单来讲中国人的最高信仰，乃是天、地、人三者之合一。借用耶教术语来说，便是天、地、人之三位一体。在中国，天地可合称为天，人与天地合一，便是所谓"天人合一"。《中庸》上说："唯天下至诚，为能尽其性。能尽其性，则能尽人之性。能尽人之性，则能尽物之性。能尽物之性，则可以赞天地之化育。可以赞天地之化育，则可以与天地参。"这说明了中国人最高信仰之所在。人能赞天地之化，还能赞天地之育。一切宗教只说人要服从天；佛教则说人要皈依法；现代科学则要凭人的智慧来征服自然。都不说是要来赞助天地之化育。中国人理想，则人在天地间，要能赞助天地来化育，这就是我们人参加了这个天地，与天地鼎足而三，故曰"与天地参"。而最后成为天、地、人之三位一体。

天地有一项工作，就是化育万物。人类便是万物中之一。但中国人认为人不只是被化育，也该能帮助天地来化育。在宇宙间，有三个能化育的，一是天，一是地，其三便是我们人。这一信念，似乎为其他各大宗教所没有。

我常说，世界任何一民族，任何一宗教，他们之所信仰，总认为有两个世界之存在。一个是我们人的世界，或者说是地上的世界，物质的世界，肉体的世界。另有一个是灵的世界，或说灵魂的世界，天上的世界，或说天堂。耶稣教就这样说：人在天上世界犯了罪，被罚到这个世界来，所以这个世界有它的原始罪恶性，它终会有一个最后末日，我们信了耶稣就得救。所谓救，是救我们的灵魂，重回天堂去。这个世界，则似乎是没有救的。这岂不是清楚地分了两个世界吗？回教和耶教差不多。佛教里讲的诸天，其地位尚在佛法之下，诸天同人一般，亦要来听佛法。皈依佛法可入涅槃界，至于这个人世界，则是一轮回界，由人类自己造业而起。如是则佛教、耶教、回教都一般，都说有两个世界。即如西方哲学，似乎亦都有两个世界的想法。若他们只承认一个世界，则此一世界便成为唯物的、无神的。多数西方人认为此世界要不得。至于中国人所讲所信仰的世界，则只有一个，而又不是唯物的。

中国人也信有天，在中国人的原始信仰中，也许这个天和耶教、回教所信仰的上帝差不多。后来演变，常把天地连在一起，便和现代科学只认为是一自然的讲法差不多。就中国人观念讲，天地是一自然，有物性，同时也具神性。天地是一神，但同时也具物性。天地生万物，此世界中之万物虽各具物性，但也有神性，而人类尤然。此世界是物而神，神而物的。非唯物，亦非无神。

《中庸》上说："天命之谓性，率性之谓道。"人与万物都有性，此性禀赋自天，则天即在人与万物中。人与万物率性而行，便是道。庄子说："唯虫能虫，唯虫能天。"天叫它做一虫，它实实地做一虫，在虫之中便有天。那虫也便就是天。人则有了文化，远离自然，也便是远离了天。此是庄子道家说法。《孟子》则说："可欲之谓善，有诸己之谓信，充实之谓美，充实而有光辉之谓大，大而化之之谓圣，圣而不可知之之谓神。"是乃人神合一，人即是神，也可说人即是天，主要在人实有此善，而此善实即是天赋之性，人能尽此性之善，即是圣、是神。其实即是性道合一，人天合一，人的文化与宇宙大自然之最高真理合一。此乃是孟子儒家见解。

说到此处，不仅是中国文化之最高信仰，也即是中国文化之终极理想。人的一切即代表着天。整个人生即代表着天道。说部《水浒传》中的忠义堂一百零八好汉，也是在替天行道。忠义是人性，所行之道则是天道，此亦是中国文化之最高信仰与其终极理想深入民间，沦浃心髓，为一般社会共同所接受。

（二）

现在再进一步讲，天是阴阳大气，但有一个神，即是上帝，或称天帝。天上有日月星，天下有地，地上有江河山岳，一切莫不有神。即如土石草木，皆有神。在中国人观念中，一物即一自然，同时即寓有一天，或一神。中国人观念中之自然界，乃一神与物之交凝合一体。可知者乃是形而下之物，不可知者乃其形而上之天与神。神亦有等别，有大神、小神、正神、邪神。如天是大神，日月星便比天神为小。地是大神，河岳山川便比地神为小。各地有城隍神、土地神，比河岳山川诸神又小。诸神间之等级，却如人间政治组织般。又如古有社稷，社是地神，稷是五谷神。天地生万物，不烦天地亲自处理，物各自然，即物各自生，因此物各有神。五谷与人生最密切，故特奉稷神与社神同祭。人之大原出于天，故人崇祀天地，却不再有一最早之人当奉祀。但各民族各有最早之祖先，由各民族各别奉祀。亦如各一家各有祖先，由各一家各自奉祀之例。在中国人观念里，神的世界与人的世界非常密切，亦可说天人合一，即是我们最高信仰。文化与自然合一，则是我们的终极理想。

因此在中国社会中之神世界，其实皆由人来建立。不仅五谷有神，即一棵大树，生长了几百年以上，我们即封它为神，并由它来代表土地神，那树便不许斩伐，并得每年去祭祀。明代有一部小说称《封神榜》，封神正是我们文化中几千年来一传统。神由人封，那不奇怪吗？但大家视之为平常，其实这即是我们中国人的信仰。神可由人封，也可由人免。一个国家亡了，那国家的社神稷神也随而变了。可见神由人封，在中国自古即然。所以天、地、人并列为三才，人可赞天地之化育，与天地参，可替天行道，那么自可由人封神。天神、地神不由人封，但人可封一人神去参赞天地，此即所谓配天地。如泰山神，如洞庭湖神，那些神，不全是自然神，有时由人神去当。某一人死了，他可以当泰山神，当洞庭湖神。

七　中国文化中的最高信仰与终极理想

诸位定会说，这不是迷信吗？若诸位定要说这是迷信，那么耶稣是上帝独生子，是不是迷信呢？诸位说这是宗教信仰，这是高级的一神教；中国人的是迷信，是低级的多神教。然而从什么地方可以找到证据，证明上帝只生了一个儿子耶稣？穆罕默德不答应此说，两个儿子打起来，是为宗教战争。诸位当知，我并不在此反对耶稣教，耶稣教自有它一套道理。我此刻是在讲中国文化，讲些中国人所信，其中也自有它的一套道理。道理不同，演出文化之不同。我们暂时也无法赞成某一套，或反对某一套。

中国人称神又称灵，动物中龙、凤、龟、麟称四灵。龟为其能寿，中国人便也封它为灵了。活时称灵，死后应可为神。物各有灵，故物各可以为神。人为万物之灵，那么人死后得为神更属自然。其灵何在？灵便灵在性上。性由天赋，故灵由天得，神由天成。中国人观念中，此大自然之统体，便具有一最高性灵。物各有性，所以物各有灵。能发挥此灵性之最高可能，而对此自然界有最大功德者，中国人便称之为神。所以中国人的神，还是在这一世界中，上帝也是在这一世界上，其他日月星宿、河岳山川诸神，也都在此一世界上。诸神之等级，则由其所蕴之灵性与其所显之功德而分。

人的灵性与其功德，有时比不上日月星宿与河岳山川，但有时也能德并天地，功参造化。那便人而可以配天了。只要功德在社会，其人虽死，其神常存，即存在此社会上。如就台湾言，有孔庙，即如孔子仍在此社会上。日月潭有文武庙，即如关羽仍在此社会上。台南有郑成功祠，嘉义有吴凤庙，即如此两人仍在此社会上。又如泰山、长江为什么都有一个神，因泰山、长江都对人类有功德，有贡献。但为何泰山、华山不并为一山神，长江、黄河不并为一水神，则因河岳山川各有个性。泰山与华山个性不同，长江和黄河个性不同，因此其灵气不同，而功德也不同。便各封一神来奉祀。在人亦然。个性不同，便成人格不同。关羽和岳飞不同，郑成功和吴凤不同，但各有他们的人格影响。影响流传，便即是神。

比神降一级者称作鬼，鬼亦分等级，鬼之最高级者便是神。我们各有祖先，人之父母，虽无功于整个社会，但于我有功，我该对他有崇报，所以父母死后，便为他立神位。父母之于我们，内有德而外有功，我们便该崇之为神，别人则称之为鬼。别人各有父母，在他亦奉之为神，在我亦称之为鬼。鬼之在人心，狭小而短暂。神之在人心，则广大而悠久。不要认为人一死就没有了，至少为父母的，在其子女心中还是有。人之死后留存广大而悠久的便为神。所以中国人观念中的神，并不是进入另一世界去了，再不与此世界有关系。所以我要说，其他民族信仰有两个世界，而中国人则只信仰一个世界。

人不是在此世界中一死就完了。此世界有过去，有未来，但仍是一体而相通。人死而为神，则是直通此世界之去来今三世，而有其长久之存在。纵使人死不能成神，但我有父母，则我之生便与前代相通。我有子女，则我之死又与后代相通。世界各民族所创建之宗教，都信人死则到另一世界去。中国人观念中这一个自然界，与人类所创立之人文界，交凝相通，合而为一。故在我们的人文界中，乃到处有神。抗战期间，我到成都灌县看二王庙，那是秦代治水有功的。治水是件大事，有大功德，二王庙便是封那治水有功的为神。甚至如唱京戏，也崇奉一神，五代时的梁庄宗便是他们的神。做木匠的也有一神，战国时的公输般便是他们的神。若照中国人想法，现代西方科学界凡有大发明大成绩的，即如开始建摩天大厦，开始筑跨海长桥的，都可奉之为神。此神长在人文社会中，亦即长在自然界中，人文界和自然界不必划分为二，大可融通合一。西方人建一铜像来纪念某一人物，在西方观念中，此人并不尚在此世，只是死了而仍为人类纪念，这就与中国人观念有同有不同。

（三）

上面讲了人文界与自然界之合一，其次要讲死人世界和活人世界的合一。中国人认为死人并没到别一世界去，有些人死了，还在我们活人社会里，而被封为神。这也是一种信仰，或说是一种文化表现，不能定说它是迷信。没有这事而硬信有这事，那才是迷信。天有日月星宿，而我们奉之为神；地有河岳山川，而我们奉之为神，人有圣贤功德，而我们奉之为神。那都是事实，是我们的文化表现，如何说它是迷信？如中国历史上有孔子，孔子对后代历史有大功德，后代人相传崇祀孔子为神，那些全都是千真万确的事，哪里是迷信？

所以我说，中国人虽无宗教，而有信仰，信此大自然之统体不是一唯物的，而同时有其灵性。且信我们人类的灵性，较其他一切有生无生为高；信此活人世界能与过去死人世界相通。活人从哪里来？岂不是紧跟着死人世界而来？没有已死的人，就没有我们活人。俗语说死人在阴间，活人在阳间，人死了到阴间去，那么是先有阴而后有阳，还是先有阳而后有阴的呢？中国人说，一阴一阳如循环之无端。黑夜就是阴，日间就是阳，阴阳虽分而实合，则阴间阳间还不是一个世界吗？

再说到中国的社会风俗，这里面也显然有三位一体的信仰之存在。如言时令，有二十四个节气，但同时有人造的节日。中国人把此二项混合看待，不加区别。如清明、冬至是自然节，端午、中秋、重阳是人造节。中国人在节日中，又多增添一些神话故事，使得人文、自然益加亲密配合，社会礼俗随着天时节气而多彩多姿。这亦是一种天人相应，把我们的日常生活推衍到大自然变化中而与之呼应。最显著的如新年有除夕与元旦，使我们认为这是天地的日新与不断的开始，人生亦随着日新，随着有不断的开始。冬天去了，春天来了，除旧布新，人生随着天地而欣欣向荣。这个节日是人造的，但极自然，不觉有人造的痕迹。这就是那人文参加进自然里面而演化成为一体了。此中有信仰，有希望，有娱乐，极富礼乐意义，极富艺术性，亦极富传统性，极富有关于民族文化信仰之启示性与教育性。

但到最近，大家对自己文化无了解，无信心，因此对此种节日亦觉无趣味，无意义。中国社会上之新年节日不废而渐废，生活干枯，圣诞节日代之而兴。中国社会并非一耶教社会，中国文化亦非一耶教文化，而中国人则追步西方，来过圣诞节日。这里面自不免夹杂着许多无情无理之盲目效颦。

我此次去东港演讲，适遇那里大拜拜，搭有一个大牌坊，上面写着"代天巡狩圣驾"，意思是说有一神巡狩到那里，其他诸神都来汇合，向他报告。这一个拜拜，隔几年又转换到别一地去集合。这里却还是保存着些中国文化之情味与意义。巡狩是中国古代历史上为求政治统一而传说有此礼。台湾拜拜亦采用了巡狩制度，实可为往年台湾各地社会融合有些贡献。我到嘉义时，特去北港看妈祖庙。传说妈祖是南宋时代一位有功德于人的女孩子，后来被封为神，为她立庙奉祀。福州、漳州人来到嘉义，就把此神也带过来了。直到今天，香火还很旺盛。我们当知，那时在此荒凉寂寞的海岛上，一批批的移民，怀念乡邦，想望祖国，此一妈祖庙，实使大陆与此海岛有其心灵上之相通，故乃习俗相承，香火不衰。我曾历南洋各埠，像此妈祖庙一类之崇祀，到处有之。此等纵说它是迷信，但亦从文化传统之最高信仰中流衍而出。

神总得与人相亲。今天的非洲人也在说他们要一上帝，但要一黑面孔的，不要白面孔。此乃人类内心一种自然呼声。中国是一大国，古代的中国人即已拥有广大的地区，中国人自然也要有一个上帝。但中国古人想法，在此一上帝之下，还可有五方上帝。若把此想法应用到今天，派一个黄面孔的上帝在中国，一白面孔上帝在欧洲，一黑面孔上帝在非洲，那许多上帝统受一最高上帝之管辖。岂不也很好吗？中国文化理想中有齐家，有治国，有平天下。在齐家理想下，各自祭其祖先。在治国理想下，可有五方上帝，下面有河岳山川之神。在平天下理想下，则可有一昊天上帝。中国古人把政治理想和宗教信仰配合，诸邦国之下还有各乡社，各有奉祀。中国人信仰中之天地人三位一体，乃亦由此诸神分列下表示出来。现在定要说它是一种低级的、下等的多神教，必要信仰一神教，始是高等的、上级的、合理的信仰。但既有耶稣，又有穆罕默德，单是一神，至少暂时不能统治此大地。经过不断的宗教战争，而生出信教自由之呼声来。但虽自由，仍有壁垒。各自分隔，不相融合。其实宗教不同，也只是一种文化不同。

我以上所讲，只是说明了中国文化中之所信仰，并不是要来提起宗教论战，此层则请大家辨。

（四）

上面说过，在中国社会上有天神、地神、人神。说到人神，即便渗透到人的历史。历史不是一层平面，而是有过去，有现在，有未来，有其时间深度的。即说到眼前的社会，也有其时间深度，而不是一平面。同时有小孩，有青年，有中年，有老年，正如一片园林，有几百几千年的老树，有十年几年的新树，有花有草，或春生秋凋，或晨开夕萎，空间平面上融进了时间深度而参差不齐。清夜仰视，有些星光从几亿万光年外射进我眼，有些则仅是顷刻之光入我视线。中国社会尽量把此时空合一，即天地合一，又浑化进人生，而成为天地人合一。

在中国，每一地方必保留很多古迹，如祠堂坟墓，如碑，如庙，历史上人物只要和此地方有关系，尽量把它来装点上，教人一瞻仰间，即觉吾人乃在此天地人之融合一体中存在。中国的全部历史，即在全国社会上分别保留，分别显示。

我初到台湾来，一听到吴凤的故事，就深为感动。后来亲自去拜谒吴凤庙，台湾历史上有光辉之一页，即在我瞻谒之下显示在我心。台湾同胞之同是中国人，台湾社会之同是中国文化所孕育成长之一社会，即在吴凤庙一拜谒间，一切自可心领神会。我最近到北港，又去瞻谒顾思齐的纪念碑。顾思齐是明末福建人，第一个带领一批人来到北港的拓荒者。我在南洋各埠，在马六甲，在槟榔屿，在新加坡，在其他地区，也看到了不少类似的纪念碑庙。

中国人总是爱把死人拉进活人世界来，把各地的历史性加深，文化性加厚，因此使各地生人之德性也随之更加传统化。若你尽说这些都是迷信，都是中国人守旧顽固，都是中国人之乡土观念、宗族观念在作祟，那也无可奈何，辩无可辩。但在中国人的想法，总是要把我们人生在仰有天、俯有地、上有千古、下有千古中，觉得此世界不是薄薄一平面。各人过了一辈子，即与草木同腐。而要人感到此世界之可爱，此世界之积累深厚而有其意义。此一种要求与情意，却不该尽加以嗤笑与鄙薄。

我在美国，喜欢去看他们的小城小镇，虽是寥落几家，定有一个礼拜堂，使我想象到他们祖宗几百年前跨海远来新大陆时的心情与景象。现在我们要把自己社会上一切旧的风俗习惯、礼教信仰一起去掉，或者置之不理，让其自生自灭；要把中国社会赶向一无神、无信仰、无历史传统的，纯物质，纯功利的，只在此一层薄薄的现世生活面上你争我夺，那是一件很危险的事。

耶稣教到今天，已经近有两千年，可是中国人信耶稣教却是很幼稚，不像西方人那么深厚。要把中国社会变成一耶教的社会，此事非咄嗟可期。要把中国文化变成一耶教文化，其事更难。中国社会上佛教比较深厚，回教历史也久，但也不能把中国社会变成一佛教、回教的社会。民初提倡新文化运动、提倡全盘西化的人，只提出了民主与科学，却把宗教抛弃一旁，不仅抛弃不理，还常有极浓厚的反宗教倾向，于是打倒了孔家店，冷落了释迦牟尼，又不请耶稣、穆罕默德来。可见讲文化，宗教信仰也该郑重考虑讨论才是。

（五）

现在我再讲中国的艺术，来说明中国人的想象。专举画来讲，一幅山水画，就是天地人三位一体的一种结构。一幅画上定有空白，有春夏秋冬四季分别，那都是天；一座山，一溪水，一栋房子，一座亭榭，那都是地。中间画着一渔翁，或是赶着骡子做生意的，或是读书弹琴的，或是倚着一杖在那里看天看地的，这都是人。这是画中之主。天有气象，地有境界，人有风格。在此气象境界之中有此风格，配合起来，这是一个艺术的世界。中国画便要此气象、境界与风格之三者合一。倘使没有画进人，就是画一双燕子，一枝杨柳，风吹柳动，这一双燕子便是主，杨柳是地，风是天。如画一雁，便有一丛芦苇在水边，那是地，周围空处是天，这一雁便是画中一个主。

中国人不大喜欢画静物，如一只茶杯放在一张桌子上，那也可以画，但此种画风在中国不盛行。中国画家喜欢画出有生气的，如画一朵花，总不画它的阴影。画了阴影，等如画一静物。中国画也不愿酷肖自然，而要把人文意境融入，另成一天地。如画梅、兰、竹、菊，只是自然，但有生命，而且有人文理想做衬托，故称四君子。天地大自然，一切是景，里面有了主人，有了生意，便有了情。中国画要求在画中见性情。画中有性情，则此画家之性情自会跃然出现。而欣赏此画者之性情也从而唤起。因此即看壁上一株柳，一双燕，只觉我心无上愉快，那即是我性情获得恰到好处。则作画虽是一种自然描写，却也在画中画出了一个人文之道来。

我之所讲中国文化的最高信仰，天地人合一。世界则只是这一个世界，在此世界之外，更没有第二个世界。而此一世界则是直贯古今的。我们从这一点再来讲中国文化的终极理想，究竟人类理想最后要达到一个怎样的境界去？耶稣教说，世界末日到来，能上天堂的就上天堂，不能上天堂的就下地狱，上帝不能天天老在爱着这世界。佛教讲最后的清静寂灭，一个无余涅槃的世界，到此便超脱了轮回众生界。中国人则只讲世界大同，天下太平，其终极理想还是在这个世界上。

我今问，现在的欧洲人、美国人，科学发展到如此地步，他们有没有想到像中国人所想的世界大同、天下一家呢？上一世纪的英国人，似乎只想这个世界是他们的。他们兵舰所到，国旗永远有太阳照着，殖民地则永远由他们统治。若能让殖民地人也信了耶稣，死后同上天堂，那是他们的义务。至于在此世界上之帝国主义以及殖民政策，则像不复与耶稣相干。耶稣的终极理想，似乎并不在此世界上。中国人则只认有这一世界，因此只在此世界上做安排，做期望。修身、齐家、治国、平天下，天地人三者合一，便是一止境。

但最近的我们又要笑自己说，中国人地理知识太缺乏，不知天下那般大。但至少古代中国人也知道了这个国家之外还有一天下，所以不仅要治国，还要平天下。此一理想，在春秋战国时就有，那时有很多国家，所以想治国，便要连带想平天下。到秦汉一统，四外蛮夷比较不成大问题，一个国家即等于是天下了，那亦不足深怪。可是今天，看这世界，看联合国的种种情形，才觉得世界大同、天下太平的这一理想，还得要再宣扬。单凭军事武力，不能叫世界大同、天下为公的。若论经济方面，单凭货财交流，也不能使世界大同、天下太平。法律之前人人平等，但法律更不能使世界大同、天下太平的。一切不详论，最难的还是宗教问题。佛教、回教、耶稣教、印度教，一切宗教，似乎都没有统一世界之可能。

中国人所想象的天下太平、世界大同，似乎最伟大，最实际，但讲起来，诸位或许会觉得其很荒唐，很玄虚，很迂腐。《大学》上说："欲明明德于天下者，先治其国。欲治其国者，先齐其家。欲齐其家者，先修其身。欲修其身者，先正其心。欲正其心者，先诚其意。欲诚其意者，先致其知。致知在格物。一是皆以修身为本。"是则一切皆从个人本位做起，从自己德性上做起。诸位，不会觉得这些话太迂腐吗？但我问诸位，是不是能想出另一条快捷方式呢？军事、经济、政治、法律纵使能统治此世界，但不能使世界大同，天下太平。这些只是在人类之上再加上一番力量，叫人不得不从。中国人却最看不起这个力量。要把这个力量大而化之为道为天，小而纳之于各个人的德性，使各人的德性能与天、与道合而为一，则各人便是一枢纽，一中心。此身即是一自然，亦即是一天地，与大群合一之天地。但此不是西方哲学中之唯心论。

中国文化最着重人，要叫每一人成为天地中心，做天地主宰。纵不是做全天地的主宰，却能做我一小天地的主宰。泰山神只能主宰泰山，黄河神只能主宰黄河，吴凤成了神，其实吴凤也只能主宰吴凤自己。但诸位不要认为我说一个人能做天地中心、做天地主宰的话太夸大了。宋代的理学家说："万物一太极，物物一太极。"其为太极则一。我们每一个人，要能与天地参，要能天地人三位一体，则此人便是圆满无亏一太极。

宋代理学家张横渠说："为天地立心，为生民立命，为往圣继绝学，为万世开太平。"天地像是没有心。我们替天行道，便是为天地立心。此所行之道，在我仅是修身，若仅是一小道。但道能大能小，只要不违天，那道就大。上帝生我此身，或者上帝当时也未想到如何来运用我此身。此刻我们要为天地立心，我的心就是天地心。上帝只是要生万物，此刻我对上帝说，这里栽一朵牡丹好不好？上帝会答应我说，你栽吧。我在此把那乱草除掉，栽一株牡丹，也是为天地立心。我们的命运像是掌握于天地，但天地并不管，治乱兴亡一由我们自己。我们为生民立命，要使其长治久安，上帝也不来反对。但此中有大道理，大学问，中国古代圣人早已讲过，我此刻来为往圣继绝学，也即是为万世开太平。这即是为实现世界大同、天下太平开一路。

（六）

此刻我再提出大家都知道的两句话。在《三字经》的开始说："人之初，性本善。"性本善三字，即是中国人的最高信仰。人性本来都是善的，即是万物之性也未尝不善。耶稣教"原始罪恶论"，说人是带着罪恶而来此世的。佛法有造业说，人生造业，免不了轮回。所谓善恶，由佛教看来全是业。中国古人说，人性禀赋自天，人人可以善，人人愿向善的路上跑。"人皆可以为尧舜"，此不是指的作为政治上领袖，而是说每一人的人格德性都可做得一理想至高的善人。

人人做一善人，才是世界大同，才是天下太平。不是说大家有饭吃，大家在法律之下有平等，永远不打仗，便是天下大同了。中国人想法不这样简单，还要有更高的文化融合，还要天地人三位一体，那才能真到达大同太平的境界。此一世界即变成为一个神圣的世界，人类是神圣的，连草木鸟兽都变成神圣。我想圣人家里养一狗，一定带点神圣性。圣人家里栽一花，也必带点神圣性。我们全世界人类，都能到达一最高人格的话，那世界就自然会大同。这是最民主，最平等，最独立，最自由的。各人各做他各人。天地只生了这人，却不是生他做圣人，圣人要人自己做。自己做了圣人，天地会点头，说你做得实合我心。这是我们中国人的最高信仰，同时亦是我们中国人的最后理想。

这一套理想，不需要任何宗教，但亦不会拒绝任何宗教。佛教来了，释迦牟尼来到中国，中国人也尊之为圣，一部分人并学习了佛教。耶教来了，耶稣来到中国，中国人一样尊之为圣，一部分人并亦学习了耶稣教。你若讲耶稣教的道理，会讲不通佛教。讲佛教的道理，会讲不通耶稣教。若把中国人的一套加进去，就能大而化之，道并行而不相悖。诸位或说，我此一套讲法不科学，但我想，将来的科学，也会融合到此一套讲法中来。到那时，我们人类一切工作是合作了，和平了，距离大同太平的世界更近了。

八　中国文化中的中庸之道

（一）

大家都知中国人喜讲中庸之道，一般人以为中庸之道是指平易近人，不标新立异，不惊世骇俗，调和折中，不走极端而言。然此等乃通俗义，非正确义。《中庸》上说："执其两端，用其中于民。"

无论何事都有两端，此两端，可以推到极处，各成为一极端。在此两极端间之中间都叫作中，此一中可以有甚长之距离。所谓中，非折中之谓，乃指此两极端之全过程而谓之中。如言真善美，是此一极端，不真、不善、不美是那一极端。

但此真善美三分，只是西方人说法。照中国人讲，此世界便是一真，不是伪，真伪不能对立。若论美丑，此世界是混沌中立，既非极美，也非极丑。中国文化是人本位的，以人文主义为中心，看重了人的一面，则善恶对立不能不辨。但纵是一大圣人，亦不能说他已达到了百分之百的善。纵是一大恶人，亦不能说他是百分之百的恶。人只在善恶两极端之中道上，既不在此极端，亦不在彼极端。但必指出此两极端，始能显出此中道，始能在此中道上，理论有根据，行为有目标，故说"执其两端，用其中于民"。若非执其两端，则中道无可见。真实可用者乃此中道，非其两端。此乃中国人所讲"中庸之道"之正确意义。

中国文化既是人本位的，以人文主义为中心，而现实人生中则没有至善，也没有极恶。如从耶稣教言，上帝是百分之百的至善，但上帝不在我们这一世界上。世界上只生有一耶稣，但耶稣也只可有一，不得有二。上帝之对面是魔鬼，它是百分之百的极恶，但此魔鬼似亦不在我们这世界上。我们人类，虽说具有原始罪恶，但究竟没有到极恶的地位，人究竟与魔鬼相异。从佛教言，无余涅槃不是这世界所有，人则只在此俗界，在无休止的轮回中。但此俗界究也不便是地狱。中国人讲圣贤。但孔子大圣，也说"吾十有五而志于学，三十而立，四十而不惑，五十而知天命，六十而耳顺，七十而从心所欲，不逾矩"。圣人之一生，也非百分之百尽在一至善地位上。但我们既说这个世界上有善，即不能说没有一至善。有善便有恶，我们不能说这世界上没有恶，便也不能说没有一至恶。像耶教、佛教，似乎都看重在两极端上，我们则亦要把握着此两极端，而主要运用则在此两极端之中间过程上。此一中间过程，既非至善，又非至恶。甚至有些处善恶难辨。你认它是善，我认它是恶。此等处亦会常常遇到。所以佛教、耶教所讲，似乎偏在高明处，而中国人所讲，则偏在中庸处。但抹去了其高明处，则中庸亦难见，故曰"极高明而道中庸"。

说到此处，可见中国人观念有些与西方人、印度人观念不同。此等不同，亦可说是一种哲学上的不同，亦可说是一种常识上的不同。西方人常认为善恶是相反对立的，中国人则认为这一端是善，那一端是恶，此两端可以相通而成一线，此两端乃同在一线上。若没有了此一线，亦何说有两端？是则此两端在实际上亦并非相反对立。在我们这现实世界里面，在我们这一实在人生里面，善恶只是一观念。不能说这世界，这人生，一半是善，一半是恶，或说在中间，便不善也不恶。这世界，这人生，既非至善，亦非至恶。我们并不站在此两极端上，而在此两极端之中间。既如此，则这一中间，岂不成为黑漆漆的，既非至善，亦非极恶，既无上帝，亦无魔鬼，既不是天堂，也不是地狱，人们在此黑漆漆的一段长过程中又怎么办？当知此世界此人生，虽非至善，却不能说其无善；虽非极恶，亦不能说其无恶。此善恶之辨虽不很明显，但也不能说其混同无辨。所辨在甚微小处，甚暗昧处。人则正贵在此微小暗昧处来分辨善恶，自定趋向。

孟子说："舜之居深山之中，与木石居，与鹿豕游，其所以异于深山之野人者几希。及其闻一善言，见一善行，若决江河，沛然莫之能御。"舜之闻善言，见善行，其实亦只在深山野人中。不能说在深山野人之间便绝无善言善行，此等善言善行，当然非圣人之善言善行之比，但总不失其为是善。舜则一有感触，反应明快，一切所见所闻的善，便会集中到他身上来，舜则在野人中成了一善人。孟子又说："大舜有大焉，善与人同，舍己从人，乐取于人以为善。"可见舜之善都是从此世界人群中取来。人有善，我能舍己从之，与彼同有此善。此等善，皆在细微处，暗昧处，积而盛大光明，舜便成了大圣。

《中庸》上亦说："君子之道，行远必自迩，登高必自卑，夫妇之愚不肖，可以与知能行。及其至，虽圣人亦有所不知不能。"当知此处说的君子之道，便是中庸之道。中庸之道可以由夫妇之愚不肖直达到大圣大贤。并非在中庸之道之中只包括愚不肖，不包括大圣贤。又当知愚不肖与大圣贤，亦即在此中庸之道之两端，此两端一贯相通，并非相反对立。

（二）

根据上述，再进一步申说，从愚不肖到大圣贤，此一中间过程，当然有很长的距离。今不论你站处近在哪一端，若近在恶的一端，只要你心向善，只动一步或一念向善，则此一步一念便是善。如你原来站近善的一边，但你一步一念向了恶的那一边，此一步一念也即是恶。孟子说："物之不齐，物之情也。"每一人的聪明智慧、家庭环境，生来就不同。或生长在圣贤家庭，他的环境教育当然是善的了。若他只动一念向相反方面，他那此一念也就是恶。或生在土匪家庭，他的环境教育当然是恶了，但他果动一善念，他那动念时也就是善。

如周公是一大圣人，他的道德及其才能在政治上、军事上、外交上、文学上种种表现，可算是一位多才多艺的完人。但孔子说："周公之才之美，使骄且吝，其余不足观矣。"

这是说，只要周公心里一念或骄或吝，在当时，便可使其成为一不足观之人。反过来说，如是一土匪，一十恶不赦之人，使他身罹刑网，或处死临刑，只要他一念悔悟，心向善的一边，那他当时，也就不失为是一善人。人在一刹那间都会有一念，在那一念上便可有善恶之分。因此人只有两条路，一条是向上，一条是堕落。所谓"如逆水行舟，不进则退"。我们讲善恶，应在此人生过程中，每刹那，每一秒钟之每一动念上分。这才是我们中国人所讲的中庸之道。

中庸之道要使愚不肖能知能行，亦将使大圣贤有所不知不能。纵是愚不肖，也该在自己一念之微上戒慎恐惧。纵使是大圣贤，也不能不在他一念之微上戒慎恐惧。刘备诫其子说："勿以善小而不为，勿以恶小而为之。"《中庸》上说："莫见乎隐，莫显乎微，故君子慎其独。"那隐微处，在别人无可代他用力处，在每一人之独处，最是那中庸之道之存在流行处。

中国人又说："不为圣贤，便为禽兽。"诸位说这话是不是太严了？但依中庸之道讲，这话一点也不严。人在自然界中本也是一禽兽，可是从人道言，人在每一刹那，每一秒钟，每一念间，却都可以向着圣贤一边，或向着禽兽一边。

这话要我们慢慢体会。如此所说，也可谓禽兽在这一极端，圣贤在那一极端，人则在此两端之中道上。你说我是禽兽，我可不承认。你叫我作圣贤，我也不敢当。但当知圣贤难做也易做，难易又是两端。天下没有极易的事，也没有极难的事。你说它难，便有一个易。你说它易，又便有一个难。孔子说："圣则吾不敢。"这固是大圣人之谦辞，但也见圣人难做。颜渊说："既竭吾才，如有所立卓尔，虽欲从之，末由也已。"这也是讲的圣人难做。但孟子说："人皆可以为尧舜"，"是不为，非不能"。此又是说圣人易做。

宋代理学家中，朱子讲圣人难做，陆象山却讲圣人易做。明代的王阳明走象山的路，也说圣人易做。王学讲到后来，说到满街都是圣人。有一位罗近溪，正在讲堂讲学，正讲每人可以做圣，有一端茶童子进来，听讲人问，那童子是否也能做圣人？他说，他早就是圣人。为何呢？那童子的职务是端杯，他把茶小心谨慎地端来，没有泼，没有翻，端上讲台，目不斜视地走了，那已百分之百尽了他的职。纵使要孔子来端这茶，孔子也这么端，不会比这童子端得更好，这已是止于至善，不能不说他已是一圣人。这也是讲圣人易做。

人在社会上，职业有高下，却非人的品格之高下。抬轿是低职，坐轿的人是高了，但不能大家都坐轿，没人抬。我们只能说能尽职的是高，不能尽职的是低。端茶抬轿，能尽职，便是高。能尽到十分，那便是圣人。饮茶坐轿，不能尽职却是低，反不能和端茶抬轿的相比。中国人讲的中庸之道，要你端茶抬轿能尽职，岂不易吗？但要你治国平天下能尽到十分职，那岂不难吗？责任有难有易，难的责任不能尽，不如退而尽其易。孔子不能救春秋，孟子不能救战国，退而讲道，却救了后世。后世群推孔子、孟子为大圣贤。那端茶童子要他登台讲学，他不能，但他能尽了他端茶之职与道。就此一端上，罗近溪说他已是圣人，也非无理。诸葛孔明说："淡泊可以明志，宁静可以致远。"那端茶童子却能淡泊，能宁静，定心做一端茶童子，不想奔竞他所不能尽之职。若使人人如此，那社会也就不同。

王阳明自幼即立志要做圣人，后来自说不到，退而思其次，也就不再想做圣贤了。他得罪被贬龙场驿，还怕朝廷会派刺客来刺死他。那时他什么都不怕，只怕一个死。他就做一口棺材，终日坐在里面，想死有什么可怕呢？他连死也不怕了。跟他去龙场驿的两个老家人，不耐此蛮荒生活，病了，阳明先生只有反而帮他们烹茶煮饭，还要唱些浙江山歌家乡调给他们听，好让他们心中得慰。闲着他自己背诵那些读熟的书做消遣。一晚上，他在睡梦中忽然惊跃而起，他想我今天在这里这样做法，倘使孔子复生，处我此境，他更有什么好办法呢？一下子心下有悟——那不是圣人我也能做吗？不是我现在此刻也就如圣人一样吗？从此悟后，才提倡他的良知学说，发挥出一番"圣人易做"的理论。当知各人处境不同，责任不同，各人有各人自己应尽之道，能尽我道，那我也和圣人一般。纵使如端茶小道，那也是道。

如诸位驾驶飞机，飞机起落要有跑道，若说驾飞机翱翔天空是大道，降落在跑道上，那便是小道。你又不能把跑道设在你卧室门口，你从跑道走向你门口，从门口走向你卧室，那些更都是小道。大道小道又是两端。你不能说只要有大道，不要有小道。大道也有行不通处，便该从小道上行。只此小道须附属于大道，须能通上大道去便是。尽小道，人人可能。尽大道，圣人也有所不能。那又是中国人讲的中庸之道。中庸之道，要把"人人能行之"这一端，直通到"虽圣人有所不能之"那一端，却不该尽待在一端上通不去。所以中庸之道有极易处，同时有极难处；有极浅处，同时亦有极深处。有极微小处，同时亦有极广大处；有极隐晦处，同时亦有极光明处。

现在再举一例。如有一高僧，在深山禅院打坐，能坐到心不起念，一心常定，那不是很高的道行吗？宋儒言"主静居敬"，其实也只是此工夫。不过高僧只能把此工夫用在深山禅寺里，宋儒理学家却要用此工夫到社会人群治国平天下复杂的大场面里去。即如上面所讲，那端茶童子，他也能系心一处，心不起念，能敬能静，不然为何茶不泼出，人不滑倒？如今诸位爬上飞机，坐上驾驶台，不也是心无旁骛吗？其实诸位驾驶飞机时的心境，也就和高僧们在深山寺院里打坐时的心境差不多。一样是系心一处，心不起念，一样是敬是静。又若拿了一支枪上火线，那时则有进无退，一心在敌，只一己管着一己，连死生也不在顾虑中，更何其他杂念？这一段的生命，可说最严肃，最纯一，完满无缺。刹那间便到达了人生所要追求的最高境界。即是一心无他、止于至善的境界。

八 中国文化中的中庸之道

佛教讲成佛,是不易的,要成佛,先要做菩萨。做菩萨有十地,从一地菩萨做起,有十个不同阶段。一生来不及,再待下世转生,不晓得要再经历几代几生,还未到达成佛阶段。这道理是高了,但不是人人所能。中国人来讲佛道,却讲成"即身是佛""立地成佛",又从极难处通到极易处。这虽像是惊世骇俗之谈,却也是中国人所讲的中庸之道。中国的高僧们,把佛教中庸化了。甚至不须出家,不须关在和尚寺里尽打坐,禅宗祖师们便是讲了这些话。如此推说,今天诸位上飞机空中去,即是一番大修养。下了飞机,若能懂得你在驾驶飞机时那一番心态,善保勿失,诸位实也可以成佛做圣人。若诸位不肯信,那则是道在迩而求诸远,只有入深山禅院中去,始可成佛。只有枕经藉史、博古通今,始可做圣。既不是人人可能,亦即非中庸之道。

中国人讲的中庸之道,要从人人所能,做到人人所不能处去。要从人人处处时时念念中去做,那才是用其中于民之中道。中国人讲的中庸之道,要人人能做,当下能做。人人当下可得一满足,然而仍要有一个不满足,永远不能满足。不要说各人的一辈子,纵使再隔了三千年一万年,依然不得有满足,那一道则总还在前面,还要人不断去做。不像进了天堂,接近了上帝,成了佛,进入了涅槃,便可一了百了,无所事事。但这不是中国人讲道讲得过高了,即如天地,也一般。好好的光天化日,忽然来了一阵台风,我想上帝心里也会感到抱歉,佛菩萨也会感到无奈何。

《中庸》上又说:"虽天地之大,人犹有所憾。"唯其如此，所以此道无止境，永不能满足，但又要人人当下即得一满足。此一满足，乃是我们行道之第一步。此一步，即已是人生的最高境界。人要能从此一步不息不已永远向前，虽是人人能做，却谁也不能一刻不做。虽是谁也懂得当下该如何做，但又谁也不晓得永远无穷之将来又如何做得尽。在永远无穷之将来以后，还有一永远无穷之将来。则此永远无穷之将来，也将如今日般，人人可以起步，但谁也不得停步。所以中庸之道是悠远的，博厚的，高明的，人人能知能行，而又有圣人所不知不能者存在其间。此道之所以可久可大，则正在此。

（三）

我以上讲的是善恶问题。若此下再转到真伪、美丑问题上去，则又有不同。善恶辨在己，真伪美丑则辨在外。一是情感方面的事，一是理智方面的事。《中庸》上说："尽己之性则能尽人之性，能尽人之性，则能尽物之性。"尽己性，尽人性，主要在情感，在善恶问题上。尽物性始是物理，是真伪问题，主要在理智上。自然科学纵极发展，但与善恶问题无关。科学增强了人使用物质方面的能力，可以为善，也可以为恶；可以为大善，亦可以为大恶。在现代科学未发展以前，人类中已出了孔子、释迦、耶稣，但现代科学发展以后，未必更能多出几个孔子、释迦、耶稣来。若照《中庸》上"君子无入而不自得"的道理讲，在没有电灯以前和既有电灯以后，在人生之真实境界上，不该有大分别。我们能说在没有现代科学以前，人过的都不是人生吗？若如此讲，再过三百年以后的人来看今天的我们，也将说我们不是过人的日子，也算不得人生。在我们能服吗？

今天人类快能上月球，但少数人上月球，对整个人类变动不大。以前哥伦布发现新大陆，这也是人类一大发现，但接着此一大发现而来的，也不见得是好。葡萄牙人、西班牙人、英国人、法国人，一批批到美洲去，印第安人灭种，帝国主义、殖民主义、资本主义相继发展，人事一切大变，但西方人做人的道理在此发现上并没有大变。现代科学，究竟是研究物的问题，不是研究人的问题。所以对人的问题上，可以有大利，亦可以有大害，谁也说不定。而且科学纵使不断发明，对此世界仍还保留着一个不可知。可知与不可知仍是两极端，科学也还是在此可知与不可知之中间过程内。因此一切科学发明，仍该运用中国人讲的中庸之道来好好处理才是。

再细分辨，真善美三分本是西方人说法。科学不能说是由伪向真，艺术不能说是由丑得美。换言之，科学真理本不与伪对立，艺术美化也不与丑对立。那只是从自然中演出人文，这可以把我提出的性道合一论来讲，却不是我此刻所讲执两用中，所谓中庸之道上所有的问题。在中国文化中，艺术问题，我已在另一讲中述及，此处不再详论。

西方哲学中有黑格尔的辩证法，提出"正反合"的理论来。如说甲是正面，非甲便是反面，合起来是乙，又有非乙，合成丙，如此递演而上。但此种辩证，似乎用人的语言文字来讲是如此，若配合到实际世界、实际人生上来，便有些不合适。如说白昼是正，黑夜是反，到明天，岂不还是此一正一反。黑格尔说的只是一种观念，观念之外有事实。观念与事实，又可成两端，其间仍该有一中道。所以说相反相成。一阴一阳是大道，阳包在阴之内，阴亦包在阳之内。若相反，实不相反。宋儒把此一阴一阳画成了一个太极图。就人生论，生是阳面，死是阴面，死生合成了人生之整体。生之内便有死，死之内也有生。有了死，并不曾克灭了生。有了生，也不曾克灭了死。

由中国人讲来，一阴一阳，一生一死，只是循环不已，老跟着此一环在绕圈。重要却在此环之内，亦即环之中。庄子说："超乎象外，得其环中。"阴阳死生都是表现在外面的象，人能超出此外面的象，深入观其实际，才能进入此实际的环之中，而确然有所得。若要辨是非，那么死了的是你，活着的便不是你。活着的是你，死了的又不是你。同样说昨天的是你，今天的便不是你。今天的是你，昨天的又不是你。依此理论，正反两面可以互相取消，但亦可以互相完成。中国道家思想偏向取消一面，儒家最是切近人生，从完成一面来发挥。道家把一切相反对立取消了，合成一天。儒家则又把人与天对立起来，而执两用中，乃有所谓中庸之道，那里便有天道、人道之别。如善恶相反对立，是在人道上如此，若把黑格尔辩证法来讲，显见讲不通。试问善恶正反相合，又合成个什么。在中国道家讲来，那便是天，在天道中却无是非善恶可言了。

（四）

所以中国人的中庸之道，从此方面来讲，正是一套哲学，亦是一套思维方法。是在人本位人文主义的文化大体系中一套重要的哲学和其思维术。现在很多人分别东西文化，说东方文化是静的，西方文化是动的；东方文化是向内的，西方文化是向外的；东方文化讲心，西方文化讲物。如此种种说法，亦正是一正一反。

但中国人观念，主张心与物相通，动与静相通，内与外相通。相通可以合一，合一仍可两分。既不能有了心没有物，又不能有了物没有心。心与物看来相反，实际是相成的。动与静亦然，不能有动无静，也不能有静无动。内外亦一例，哪有有内无外，有外无内之理？中国人讲的中庸之道，正要从此相反之两面讲入到一中道上去。你要讲任何一事一物，最好先找出它相反之两面，然后再从此相反两面中来求其中，那中处便有道。所以孔子说："吾有知乎哉，无知也。有鄙夫问于我，空空如也，我叩其两端而竭焉。"他若和你讲心，你便和他讲物。他若和你讲动，你便和他讲静。不是要把这一边来反对那一边，取消那一边，是要把握到两端，便可获得中道。所以孔子又说："攻乎异端，斯害也已。"

今若我们把中国文化认为是唯心的，来反对西方文化是唯物的，把中国文化认为是主静的，来反对西方文化是主动的，那便是孔子所说的攻乎异端，便要害事。当然根据西方来攻击中国，说中国文化是唯心的，主静的，要不得，那亦同样是攻乎异端，同样要害事。就中国文化之本质与其特性讲，究竟是中和的，决不是偏陷的。中庸之道便可代表中国文化。

现在再讲新旧，这亦是一个观念上的两端对立。在实际世界事物中，既无一个十足完全的新，也无一个十足完全的旧。近百年来，中国人讲到文化问题，总爱把新旧来做论点。"周虽旧邦，其命维新。"若是从旧的中间再开出新的，在新的中间来保持旧的，那也可以。若说我们究是要新还是要旧，那会永远得不到结论。文化不是唯物的，像一所老屋，可以拆旧建新。文化则有其内在之生命，如一棵大树，连根斩了，栽下新种子，那大树的生命已毁灭了。而且文化种子是民族，我们不能不要此文化而连带不要此民族。中西文化不同，最后还是在中西民族不同上生根。我们纵要新，也得从旧的上生根，来发展出新的。果能保存并发展吾民族生命，则可中可西，可新可旧。在物质与精神，在动与静，在内与外，在时人所认为的中西文化不同之两极，尽可执两用中，不必定要偏走一端。

若谓中国文化重在讲人文，西方文化重在讲自然，则人文只在自然中产生，人文亦不能脱离自然而独立，人文仍是一自然。天地生下人，赤裸裸的，那叫自然。穿上了衣服，那是自然还是人文呢？又建筑了房屋，这又是自然还是人文呢？中国人爱讲天人合一，所谓自然与人文，也仍该是相通合一。在人的身上便有了天，在文化中便包有了自然。而此人与文化则从天和自然中演生。

在此等观念与意识之下，我认为中国文化里尽可以渗进西方文化来，使中国文化更充实更光辉。并不如一般人想法，保守了中国固有之旧，即不能吸收西方现代之新。似乎大家总爱把一切事物做相反对立看，不肯把此等相反对立来做互通合一看。所以我们中国所讲执两用中的中庸之道，此刻实该大大地再阐明。这和我们当前所该采用的一切想法和做法实有很大的关系。

诸位又如说，今天我们该积极提倡民主精神，不要再如以往般只讲私人道德。今且不讲治国，先讲齐家。如果说，父亲出去喝酒，母亲在家打牌，哥哥邀朋唤友去看电影，妹妹约男朋友去参加跳舞会，试问你那时怎么办？你若有理想有希望，岂不仍只有从自己一人先做起，也只有这一条路才能做得好。所谓民主，也只有从每一人自己做起。要讲世界大同，也只有从每一人自己做起。群与己又是对立的两端，公和私又是对立的两端。群中不能无每一己，公之中不能无每一份的私。若必要对立起来，便成为社会主义和个人主义之大对立，自由主义与统制集权主义之大对立，西方历史和思想界为此对立缠苦了。但中国的中庸之道，则执两用中，承认有此对立，而把此对立调和融通，使每一人当下有了一条路。

中国人唯其有此中庸之道，亦可使各不同的宗教信仰也一样调和融通起来。佛教、回教、耶稣教来到中国，不仅和中国传统文化无冲突，在此诸大宗教之相互间都能和平共存，没有大冲突。你看中国社会上，这里一个天主堂，那里一个和尚庙，母亲信佛教，儿子信耶稣。这不是信仰不真，却是受了中国人相传那一套中庸之道之影响，大家可以说得通，不争执。

此刻我们又说，我们该讲科学呢，还是仍应提倡固有道德？这又是一对立，而实则非对立。诸位只要善为运用中庸之道的思维方法，则一切相异都可安放进来，不见有冲突。若再把中庸之道的实行方法一切从我个人先做起，自可当下满足，而又永无止境。如此一步步向前，这就是大道。但就此大道而论，你一步也离不开，亦没有所谓进。此刻我们人类要上月球，但上了月球，还如未上月球前，大道依然还是有一条人生在前面。换一句话说，纵使我们上了天堂，也还如没有上天堂，那条大道也还依然在前。如是则刹那与永恒虽是两端对立，也还是相通合一。这一理论，像是何等地高明，其实也还是中庸之道。

只因我们误解了此中庸之道，好像中国人讲的中庸之道不痛不痒，不黑不白。一人说这对，一人说那对，不要紧，大家都对。这就成了滑头主义，走上了乡愿的路，所以孔子、孟子要讲此中道，却最讨厌乡愿。

我想再重复一下。诸位今天最大的责任就是在复兴中华文化这一件大事上。复兴中华文化是我们中国人每一人的责任，每一人站在自己的工作岗位上善尽职责，相互配合起来就成。即就空军言，平时如战时，后方也如前方，无论空勤与地勤，既要人与人配合，又要人与机器配合，处处都是两端对立合成一体，而运用此一体者，则在每一人之身上与心上。如此则诸位今天早已在此中庸大道上行，只是行矣而不著，习焉而不察。《中庸》上所谓"人莫不饮食，鲜能知味"。中国人讲的中庸之道，真是如吃饭喝水般，易知易能，但又是其味无穷，又很难知得其味的，这就是所谓中庸之道，由诸位自己去体味吧。

九　前途的展望

（一）

国家统一不仅是海内外几千万同胞所热烈向往，就是大陆全体同胞，也一样希望我们早日胜利。而这重大责任，首先就落在我们基地全体军民的肩膀上。我对当前的政治、军事、外交，乃至大陆的情况，知道得太不够，不能从多方面来讨论这问题。今天我只是站在一个书生立场，就自己所知一点历史知识来谈谈。

我们得首先看一看我们国家民族的前途。倘使我们国家民族有前途，我们就可向此前途努力。若我们国家民族没有前途，我们就无法努力，一切努力都成白费，变为一种无意义无价值的努力。所以开始讨论这问题，就该先看我们的前途，然后始有努力的方向，以及努力的意义与价值。

首先我们对前途要有信心，有了信心，才能产生力量。我们看古今中外历史，许多民族，许多国家，他们的命运碰到了挫折，便倒下去，爬不起来，就是它没有前途了。为什

九　前途的展望

么呢？我们可以说，就是他们对自己这个民族国家的前途没有信心了。没有信心就没有力量。没有力量就没有前途。像古代埃及、希腊、罗马，都是文明古国，有其灿烂光明的历史。但是遇到了挫折，光辉黯淡了，命运中断了，再没有它的前途。我们可以说，最大病根在他们对自己民族和国家前途已失掉了信心。

远者不论，像近代蒙古人建立了一个大帝国，其版图之大，地域之广，史无前例。到如今，西方像俄罗斯人，谈到蒙古人，还有他们祖先遗传下来的恐怖心理留存着。但现在的蒙古人，已经融合为中华民族的一部分，他们已不再有重新建立往时般大帝国的想望和信心了。更近如大英帝国，有"日不落国"之称，可是经过两次世界大战，大英帝国没落了，只存一个联合王国的躯壳。再隔若干年，联合王国也要肢解。到今天，英国人再没有恢复往昔大英帝国的美梦，换言之，他们已没有以往那般的信心了。像蒙古帝国，像大英帝国，都建立在一个不合理的基础上，所以倒了下去不可能再爬起来。其他有些国家，经过两次世界大战，他们对自己国家民族的前途，也没有像以往那般的信心了。

我们却不免要问一句，今天像美国，像苏维埃，再过五十年或一百年，或两百年，他们对自己国家民族是否能常保持像今天般的信心，不再丧失呢？我们虽不敢遽作定论，但我们可以说，只要这一个民族和国家，把它们的前途建立在一个不合理的基础之上，受到挫折，便会失掉信心，而前途也就暗没了。所以要保留信心，还在自己的文化传统上，不在当前的遭遇形势上。

我们看古今中外各民族各国家,对于他们自己民族国家的信心,最坚强,最牢固,消失不了的,只有我们中华民族。五千年到今天,虽则我们也曾经过很多艰难困苦,甚而倒了下去,但到底还会站起来。衰弱了下去,又会再兴盛。为什么?简单一句话,我们有信心。历史经验愈长久,我们的信心就愈高,愈坚固。最近这一百年,西方帝国主义到东方来,从鸦片战争起,连续不断的许多丧权辱国的战争,我们的民族和国家又像要倒下去了。民国以来,我们的艰难困苦依然存在,而且不断加深。但我们对国家民族前途的信心则并无动摇。这从哪里看出呢?

我想举一个简单的例。我们中国人到南洋去,已经几百年,时至今日,他们的处境真是万分艰难。在印度尼西亚,在新加坡,在马来亚,在泰国、越南、缅甸,华侨到处被压迫,被排斥,目前他们大多数已改了国籍,但在他们心里,总觉得他还是一个中国人。改变国籍,改变不了他们的内心。或许在南洋各地的民族比较上文化不如我们,但我们一看美国檀香山、旧金山、纽约等各地的唐人街,我们华侨还是坚持要做一个中国人。这种心理世代相传,没有忘怀。

五四运动以来,一般知识分子觉得中国人样样不如外国人,有的要我们全盘西化,将中国字拉丁化,要打倒孔家店,不要中国传统,但这只是少数。像夏威夷、旧金山、纽约,许多中国人开饭馆,开洗衣店,生活艰苦,他们还是守旧,还是要做中国人。深一层言之,这就是他们对民族还有一个自信。他们心中还有一个民族前途。

中国有两位著名学者在旧金山公开演说，向我们华侨讲，为了你们的幸福和前途，为什么不入美国籍？入了美国籍，好叫子孙有条出路。你们既在美国，纵不入美国籍，也该叫你们的子女好好学英文，还要什么华文学校，花费青年儿童十分之三乃至十分之四的精力来学中国文字，学得半通不通，使他们的英文也不能彻头彻尾学好。你们要有理智，不该再开华文学校，最好教你们子女能学好外国文。一般华侨听了这些话，很不高兴。因为这些华侨，他们知道自己是中国人，对自己的国家民族前途有信心。为什么有这样的信心？我们可以说，这就可以证明中国传统文化之伟大和坚强，不然不会使大批人有这样一个信心。

英国人跑到美国，就成美国人。德国、法国人跑到美国，也就成了美国人。只有中国人仍然是中国人。艰难困苦离开了中国，到海外去谋生，忍受种种压迫欺侮，而他仍觉得我是中国人，希望我的儿子也还是中国人，希望世代传下还是中国人，所以要学说中国话，学用中国文字，保持中国的一套。任何人不能因此而怪我们的华侨顽固守旧。若是不顽固，不守旧，我们还能有一个五千年绵延的民族吗？还能有一个五千年长存的国家吗？还能有一个血统相传下来的七亿人口吗？

我们的侨胞不仅在夏威夷、旧金山、纽约等地如此，开洗衣店，开菜馆，父传子，子传孙，还在那里奋斗，坚定要做一个中国人。到欧洲也是一样。在巴黎，在伦敦，零零散散的中国人,你问他住了多少年,有的说住了一百年,或者一百年以上。他是跟他父亲,或是他祖父去的。不像在美国,在南洋,有一个华侨大团体,但也保存着中国人的习惯,中国人的文化,不以做一个中国人为耻。

我可以告诉诸位,只有中国文化,最坚强,最持久,最能在艰难困苦的环境中杀开一条出路,中国文化的伟大价值便在此。若非有一合理的基础,何以能有此现象。所以我说,只要我们对民族国家有信心,自会有出路,有前途,自会有一个努力的方向。

(后略)

十　中国文化中的武功与武德

（一）

本人今天讲题是"中国文化中的武功与武德"。本人今天所讲，以书生来谈军事，知识浅陋，只是借此机会，来就教于诸位。

先讲文化是什么？文化只是人生，是人生的一个综合体，与言个人的人生不同。人类生活同中有异，因此人类文化可有种种各别之体相。近代人言文化，每多注重其体相之外面，但更要在能深入到里面去，求其意义与价值。从空间说，文化贵能扩大；从时间说，文化贵能悠久。中华文化所拥社会最广大，所占历史最悠久，因此中华文化，其所涵之意义与价值亦必最高贵，最值得研求。

中国古人讲文化，主要在讲一个道字，道即人生应走的路。文化不同，即道不同。社会扩大，因其道之可大。历史悠久，因其道之可久。中国人讲"道"字，不仅讲了文化之外表，并已讲到文化里面深处，即其意义与价值之所在。若只从外表讲文化，最多是讲了文化形态，生活式样。譬如穿衣、饮食、住屋、走路等等，可有各种不同的式样，此各种不同的式样，即见文化之不同。但文化固是同中有异，尤贵能懂得其异中有同。各民族文化之所以相异处，在其背后各有一道。

中国人讲道，不仅是讲人生所走的路，更要讲人生应走的路。所以中国人讲道，有大道小道之分。大道人人可行，时时可行，处处可通，而后谓之大道。若只是少数人短时期可行，走到远处大处便不通，这是小道。也并不是不能有小道，只该从大道分出若干小道，由各条小道仍可汇合互通，这就成了大道。所以道有通塞，有大小。因其大，故能通。因其通，所以大。中国文化之伟大，因其能注意寻求人生大道而来。

今试问人生每一条道，该从何处出发，该通到哪里，到何处归宿？中国人在此问题上有一主要答案，中国人认为人生一切道，都应由其内在之德性发出，也应都通到人生之内在德性为归宿。《中庸》上说："天命之谓性，率性之谓道。"中国文化之最重要中心观念即是"性道合一"。性由天来，道由性起。中国人讲天，也可说是一自然，也可说是自然中一种最高真理。中国人主张天人合一，即是性道合一。性禀自天而蕴于内，道行于人而形之外。天人合一、性道合一，也即是内外合一、心物合一。天人相通，内外相通，此始是大道，亦可称为达道。道行而成，形于外，回到人心，则谓之德。德是行道而有得于己之谓，故可合称"道德"。天赋称性，由性发为行，由行而有得于己谓之德。故可合称"德性"。此一"德"字，即是性道合一。此是行为与德性合一，亦即自然与人文合一。

总之，中国人讲道，要其无往不合，处处可通，此乃中国文化一套大理想，一番大结构。因此在中国文化中所陶冶而出之人才，则人曰通人，才曰通才。亦非不要专家与专才，主要仍在此各别的专门仍能相通而合一。

（二）

姑举文武一端为例。中国人常把文武连在一起讲。中国的文化观念是要相辅相成，两个东西混合起来达成于一。中国人说智、仁、勇是三达德，讲文化需此三达德，讲武德也需此三达德。一个文化之能期其悠久博大，也该归功于武功。武功则必本于武德，武德是武功的基础。

天道有生杀，人道有文武。中国人理想，要能文能武，文武兼尽。偏向一边，这只是小道。文武兼尽，才算是大道。中国历史上如周文王、周武王、汉文帝、汉武帝，都是美谥，文武并无轩轾。所谓"允文允武"，文治武功必兼修并重，这就是中国一套传统的哲理。

"天地之大德曰生"，但春夏生长，秋冬杀伐，同是天。杀伐即所以完成其生长。人有死生，唯其有死，乃可有继起之生。个人生命很短暂，最多不过八十、一百年便完了。旧生命死亡，新生命茁长。一个人死了，有千千万万后起的生命还是继续存在。大家说，中国文化是讲和平的，但和平中兼涵有武力。中华民族之悠久存在，主要在和平，而亦表现有武功。

论到中国的国防线，全世界没有一个国家有这么长。单言北方，从东北到西北，由辽东半岛起，直通到甘肃、宁夏。北边是一个大高原，气候寒冷，生产瘠薄。南边是一片大平原，气候温和，物产丰盈。两边接界如此辽阔，两边对比又如此悬殊。所以在中国历史上，防御北边强敌是一件十分困难的事。西南方的边防，更复杂不简单。即如汉代之匈奴，唐代之突厥，以下之辽、金、蒙古等异族侵扰，不赖优越之武功，何以能保全内部社会之繁荣与建设。蒙古人的武力震烁一世，他们打不进中国来，便掉头指向西方求发展，从西方得到了胜利，再回头来转向中国。直从成吉思汗到元始祖，三反四覆不断南侵，最后才把中国吞并了。当时的中国，本已屡弱，又兼内政不修，文治影响了武力，但尚然如此坚韧难折。即此一段历史，便可说明中华文化是强有力的，虽一时失败，也已充分发挥了中国的武功。

中国历史上的大人物也多是文武兼通的。如周公，不仅是一军事家，同时亦是大政治家、大文学家。后来人注意了他这一面，却忽略了他那一面。再看孔子，他亦看重武备，娴熟军事理论。他的学生如子路、冉有、有若，都能打仗。墨子擅武事，这是大家都知道的。《荀子》有《议兵》篇。《孙子兵法》，尤为近代西方军事学家所推重。

《左传》上记载当时许多贵族，都是文武兼通。大小战争，除应有的兵谋战略之外，既尚礼，又崇道，雍容文雅。极严肃，也极轻松。极规律，也极幽默。多能于武功中显文德。《左传》不失为世界上第一部讲战争最有人生趣味，又是最有文化意义的书。孔门后起如吴起，也是一位大军事家，又通政治。乐毅亦能外交，能兵事，而且带有极浓重的文人气息。

汉唐以来，文人能武，武人重文的，不胜缕举。有些人，很难说定他是武通文，抑是文通武。要之，中国军人，理想上必求其智、仁、勇三达德兼备，本之武德，而见之武功的。

中国古人，对于许多军事学上的见解亦极高明，尤注重的在"衡评将才"，主要看其能统率几多人。能将兵愈多，则其将才愈高。唯大将之才始可统领大兵团。春秋时，有人说楚子玉将兵过三百乘，便不能全军而归。韩信对汉高祖自称将兵多多益善，又能驱市人而战，那真是大将之才，因军队要节制，讲节制要明分数，使将非其才，带了大兵团，反易败绩。

中国军事史上，不少以寡击众的战例，其实只是将才高下，不关兵数多寡。东晋时，苻坚率领大军南下，前线已过淮水，后队尚未出长安。东晋军队，则人数极少。照理苻坚该能稳操胜算。苻坚也是知兵的，他登上一山头眺望，就告诉他的幕僚们，你们如何说东晋军队不行，看来不是可欺呀！后来苻坚果败了。因苻坚带的是杂牌兵，乌合之众，人尽多，也易败。东晋北府兵是经过严格训练的。项羽最能打仗，汉高祖却似乎不谙军事，但汉高祖手下用了三个人，一个是韩信,一个是萧何,一个是张良。韩信是大将,可以统率大军独当一面,当时黄河以北全交他指挥。张良是一个文弱书生,但他运筹帷幄,决胜千里,是一参谋人才。萧何在后方,负责后勤补给,壮丁粮秣有损缺时,全由他负责安排运送。别人都不懂得汉高祖何以能打败了项羽,却由汉高祖自己说出这番道理来,这是深合军学原理的。可见汉高祖能在军事上做通盘筹划,韩信也说他有将将之才。

参谋制度在西方,是近代始有的。但在中国,很早就知道军队中参谋之重要。参谋在中国,旧称军师,或称谋士。如战国时孙膑,楚汉之际的张良,三国时的诸葛孔明。同时如曹操,他是一位文学家、政治家,同时是一位最高级的兵事指挥官。他之最不可及处,在能用良好的参谋。曹操幕下足智多谋之士极众。又如唐代的李泌,也是第一流的参谋人才。

中国历史上参谋人才划策定计之最高表现,便如近代西方军事学上所新兴的地缘政治的理论一样。因中国是个大国,军事胜败,往往不由某一战场来决定。如春秋时代争霸业,战国策士言纵横,这些都是讲究地缘政治之先声。楚汉对阵,汉军韩信一支在左翼,黥布一支在右翼,彭越一支直捣楚背,而项羽只知道在荥阳、成皋一线上与汉争进退,宜其失败。此后如东汉初,如三国,如唐、宋、明三朝开国,皆是群雄并起,孰应先击,孰应后定,深谋远虑,都要先争胜于庙堂之上,都须参谋人才来策划。

（三）

以上略举一些例来说明中华民族在军事天才方面之卓越。以下要讲一些中国文化中所揭举的关于兵事学上之最高原理。

中国军人的精神修养，基本着重在智、仁、勇三达德，上面已说过。这三达德中，又以"仁"为主。中国文化主要精神都发源在一个"仁"字上。孟子谓："君子以仁存心，以礼存心，仁者爱人，有礼者敬人。"礼是仁的表现，仁是礼的本原。但战争本是要杀人的，好像是一种残忍的行为，我中华民族虽尚武，而不流于残忍，所以能绵延历久，屡挫不衰。中国军事要讲顺天应人，替天行道。所谓止戈为武，仁者无敌，战争乃为一种吊民伐罪、以杀止杀的行为。故军队则称为仁义之师。孟子也说："不嗜杀人者，能一天下。"

不嗜杀人，不是不杀人。但杀人总不是好事，因此非存心至仁，则不宜来担任此杀人的大任。既要杀人，自己也该不怕死，所以说："有断头将军，无降将军。"视死如归，也是武德。哪有所谓光荣的投降？当知两军交锋，固是要争胜败，更要是争是非。是的向非的投降，实无光荣可言。一个人有生必有死，活要有意义的活，死也得有价值地死。成功要有价值，失败也应有价值。中国人强调精神不死，躯体虽不保，但其人格气节仍然存在。战争并不是鼓励杀人，更不是鼓励自杀。心中只有一个道，一个仁义之道，一个忠勇之道。死生一观，并不在这些上来计较。

中国军人既尚仁，又讲礼，吉、凶、军、宾、嘉五礼，军礼占其一。可见中国文化中之中国军人，正也代表着文化传统主要精神之所在。

孔子在《论语》里，提出了一段军人修养最高精神的话，说："子之所慎，斋、战、疾。"斋是祭前斋戒，所祭是鬼神。鬼神有无，直到今天还无定论。孔子在祭前斋时，既不确认有鬼神，也不确认无鬼神，只是此心戒慎，不懈怠，不做作。祭只是祭，斋只是斋。疾病之来，也不知将成大病，抑系小疾。但不要害怕，也不要疏忽，只一心戒慎在疾上。遇战事，也如对鬼神、对疾病般，固不知当前敌人是强是弱，只莫放松、莫紧张，不当它是强敌，亦不当它是弱敌。不可说没事，也不说是有事，临阵只一心在临阵上。慎是不怕也不忽，不把事来看大，也不把事来看小。当知临祭、临战、临疾，皆是人鬼关头，死生之际，在可知不可知之间。孔子举一"慎"字教人，这是精神上最高修养恰到好处之明训。我们若懂得孔子这番教训，自然不会有好战的心，也不会有畏战的心。大敌在前，亦当如对鬼神般，不认其真有，亦不认其没有。兵凶战危，如疾病般，不认为不重要，也不太认为重要。诸葛孔明说："先帝知臣一生谨慎，故临终付臣以大事。"曹操临阵，在马上意思安闲，如不欲战。当然曹操是一雄杰，但从精神修养上讲，似乎还要逊诸葛亮一筹，这是中国文化传统中所讲军人修养一最高境界。

中国社会上又很着意表扬失败的军人，尤著的如关羽、岳飞，今人称之为武圣。关羽在历史上表达了一个"义"字。当时曹操很赏识他，礼遇有加，封侯赠金，无所不至。刘备则正是走投无路，到处流亡。但关羽不为曹操所动，还是走归刘备，这就是他的义。岳飞精忠报国，十道金牌班师回来，冤死在风波亭，在历史上表达了一个"忠"字。我们看《水浒传》上一百〇八位好汉聚集在梁山泊忠义堂，打起"替天行道"的杏黄旗，这见文化传统中之忠义武德，流传在民间社会，真是根深蒂固的。抗战期间，本人到过安南河内，咖啡馆里都挂有关公及孙中山先生之像。这里日月潭，也有文武庙。香港警察所，都挂关羽像。可见关羽、岳飞，他们虽都是失败了，但他们的失败，却比成功的价值更高，意义更大。正因战争虽重胜败，更重是非。不义之师，胜了也无意义价值可言。打仗是要打仁义的仗，军人该充分表露他们的忠义之气，忠义则永存千古。军人遇失败，更显出他一番忠义之气来，所以直到后代，更有他极大的贡献。

（四）

打仗是要拼命的，不到最后一分钟，胜负难定。我们只该说不打没正义的仗，不该说不打无把握的仗。要打仗，总只是尽其在我，不能要讨十分的把握。若待有了把握才打仗，那就无仗可打。

《孟子》书里有一段讲养勇的话，那时有一勇士叫北宫黝，他是抱持一种必报主义的。你来一拳，他必报一拳，你来一脚，他必报一脚，他定要不吃亏，对方强弱他不管。另有一人叫孟施舍，他是抱持一种无惧主义的。他说胜败不可必，他视不胜犹胜，他只是能不怕。两人都以勇名。孟子批评他们说，孟施舍所守比较单纯，只求不怕，其权在我。要求不吃亏，其权不尽在我。这正是说对敌临阵是不能确有把握的。一触一动，也不算是有勇。孟子又说，孔子曾教曾子以大勇之道，只要我自己理直，对方纵是千万人，我亦向前。若我理屈，对方纵只是一匹夫，我也让他，不向他逞强。这是孔子的养勇之道，不打不仁不义的仗。仁义在我这边，我便大勇向前，杀身成仁，舍生取义。死生尚不顾，胜败更何论，这是最高的勇德。近人所说心理战、神经战等，也只是道义战的一些手段。我只争一道义，其权在我。这样的争，将是无往而不胜。这可说中国文化传统运用到军事上的最高原则。

我们的八年对日抗战，也就充分表现了我们此一番精神。军人们的坚强英勇，全社会之踊跃助阵，那时所表现的只是一种坚韧不拔、继往开来的精神。一切力量实都是文化传统的力量，那时哪论所谓有把握与无把握，而毕竟争取了最后的胜利。中国文化着重道德修养，文德武德合一相通，都要从每一个人的性情深处生根发脉。外面世界乱了，每一人的德性仍然抱持不乱，终于求得真理，激发天心，转移世运，只在我此方寸之间。中国文化发明此道理，坚定此信仰，因此国家民族的生命也就深固不拔，绵延不绝。

十一　中国历史上的军人

诸位：今天很高兴能有这机会，在这里对各位做一番讲演。刚才张校长向诸位报告的话，我很惭愧，不敢当。我是个无用书生，在当前这个艰难伟大的时代里，对于国家民族文化前途，我除有一番极忠诚的信仰外，只能站在一旁，以忠诚的眼光做旁观。今天我的讲题是讲"中国历史上的军人"，把我自己所知道的一点历史上的浅薄知识，来向诸位做个简单的叙述。

（一）

人人皆知，人生应有两大支点，一是食，一是兵。所以孔子说："足食足兵，民信之矣。"有了足够的食和兵，才使人可以确信今天之后必然有明天，然后其他一切也才连带谈得上。因此人生又应有最基本的两大职务，一曰耕，一曰战。在人类文化最早时期，便应有了农业和武士。

固然，在古代社会中，除了耕稼社会以外，还有游牧社会和工商社会。然而一个最标准最基础的社会，则应该以耕稼为本的。中国字中的"男"字，代表着一个壮丁，上面是一"田"字，下面是一"力"字，可见每一壮丁便该努力田亩。民族家族的"族"字，上边"𭅺"一面旗，下边"矢"是一支箭，要大家在一面大的旗帜之下，每个人都挟带着弓矢武装起来，这才成为族。若非力田从事生产，即不成为一男。若非结队集体武装，即不成为一族。民族文化来源，最要在生产和武装上，只就一"男"字一"族"字上便可看出。尽管人类文化不断地在演进，社会也不断地在演变而复杂，但生产和武装两事，依然是社会之柱石，文化之骨干，那是无可动摇的。

从历史上看每一民族起源，最先都是全族武装，即是全族皆兵的。到后来文化逐步演进，武装逐步轻减。中国在春秋时代，犹是封建时期，那时执干戈卫社稷的重任与光荣乃为贵族子弟所独占，轮不到平民身上。那时则只有贵族军队。在农民中选拔优秀加入武装的称为"士"。士执射执御，为其本分。当时学射，犹如今天放机关枪与大炮。学御，犹如今日之学驾驶坦克与飞机。不习射御，便称不得一个士。其时的贵族阶级，论其职，则皆武职，而亦兼习文业。文由武而演进，此乃人类文化演进一通例。孔子在当时亦一士，孔子以礼、乐、射、御、书、数六艺为教。射、御两项，乃其中之基本艺。孔子自称："我何执？执御乎，执射乎，我执御矣。"因御之一艺，在当时较射为低。如狩猎，如临阵作战，在车上执弓矢者是主，驾车者是副。孔子自谦，说若要他选定一职，则他选御不敢选射。其实孔子善射，在当时是著名的。

孔门弟子，擅武艺、能武事、身历战场建立功勋的也不少。像子路，不用说。当鲁襄公八年吴师伐鲁，有若便在鲁国的三百名决死队里面，打算乘夜直扑吴王帐幕。吴王闻讯，吓得一夜三迁，吴鲁也便此议和了。鲁哀公十一年，齐师伐鲁，冉有担任鲁军左翼总指挥，樊迟做他车右。执政季孙氏嫌樊迟年轻，不赞成他担此重任，但冉有终于毅然任用。樊迟临阵，身先肉搏齐军，杀得齐师大败亏输。那些都是孔门弟子之从军功绩。

（二）

在《管子》书中，主张把社会分成士、农、工、商四组。此四组中，士居首。当时所谓士，亦指武士，不指文士。当时亦根本无所谓文士，都是由武士来兼习文业，孔门即是其著例。所以孔子又说："志士不忘在沟壑，勇士不忘丧其元。"因你舍弃了家人生产来习武艺，生活成问题，饿死亦是本分。待你武艺娴熟，临阵战死，也是不负了素志。直到战国时代，始有平民军队正式兴起，因那时的贵族阶级已趋崩溃，而列国纷争，战斗不休，便不得不要大量的平民来参加。

到了汉代，那时则全农皆兵，可称为国民兵。国民充当兵役分三类。一是中央卫兵，二是边疆戍兵，三是地方预备兵，亦可称为役兵。其时乃是行一种义务兵役制。及龄壮丁都得义务充当。每一壮丁，都有轮番到中央充当一年卫兵之义务，那是最光荣的。其次是到边疆上去当戍兵，戍期只有三天。那一制度，应是远从战国时或春秋末期沿袭而来。在那时，国境狭小，裹粮而往，多数是一天可到，三天而毕，往返只需五天到七天，随身干粮可以应付。

但到秦代大一统，戍边变成苦差事，陈胜、吴广便由戍兵队伍在路中起义。汉代把此制度修订，不去戍边的，可出三日生活费交与愿去的人。一人戍边一年，可代表一百多人不必再去，方便多了。本来纵使是贵为丞相之子，也得戍边，但可纳费不去。但仍然有丞相之子而宁愿也去戍边，不愿出钱逃避的。

那时又有所谓良家子从军，此如近代所谓义勇军，或志愿军，遇边疆有事，自请从军。所以必称"良家子"者，因志愿军必经政府审查其家庭实况，苟非良家之子，则不获批准。当时有许多家住边区的，都踊跃参加。平时在家习武，有事挺身而出。最著名的如陇西李家，由李广到其孙李陵，祖孙三代都成名将，煊耀史籍。其实自李广以前，早已家世习武。只因直到李广时，匈奴大肆入寇，边防吃紧，李家遂乘时而起。可见汉代武功所以卓绝，绝非偶然。

此后又有从边防兵变为屯田兵的。边防兵期满即归。屯田兵则留边屯田，又把生产与战斗合而为一，既省运输之劳，亦可使边兵较长期地屯驻下来。

但到东汉之末，政治解体，兵役制度不能推行，那时则由国民兵变成私家兵。地方上有许多大门第，遇到匪寇祸乱，附近居民都来投靠托庇，那些大门第加以部勒，老弱妇孺参加生产，丁壮结成队伍，合力战斗。此等私家兵，在当时则称之为部曲。

此风直到东晋未能废止。政府无军队，仰赖门第部曲，终非办法，于是遂兴起了一项募兵制。由政府规定了年龄、体格、性行等种种条件，来公开招募，给以饷糈，从严训练，成为一支精兵。北方则只有部族兵。五胡文化浅，还是全族皆兵。又行签兵制来加以补充。或是三丁抽一，或是五丁、八丁抽一不等。皆由抽签强拉去充当兵役。结果临时拼凑，成为一队杂牌兵。人数虽多，却无作战能力。淝水之战，苻坚那边的杂牌兵终于抵抗不得东晋北府兵之一击，而溃败不可收拾了。东晋北府兵，则是上述之所谓募兵。

到了北周，苏绰创出府兵制度来代替北方相传的部族兵和签兵。终于由此制度而统一了北方的北齐和南方的陈，而又开隋代之统一。

所谓府兵，乃是一种全兵皆农制。在农民中就其家产分为九等，上五等有资格当兵役，下四等不得援例。府兵平时只在家种田治生，以暇时练习武事，不再要在地方服杂役。此制度有两优点，一则挑选国民中身家较优秀者来充当兵役，二则生产与战斗兼顾，不烦政府平时再筹养兵费用。以此较之汉代之全农皆兵制，更为得宜。唐朝兴起，也因府兵制度之效用而武功震烁，较之汉代，更出其上。

后来政府疏忽，户口籍渐不治，府兵败坏，于是在中央有彍骑，在边疆有藩镇。彍骑即是府兵之变相，但只限在中央政府所在地，不能如府兵之遍布全国。藩镇又多用番将番兵，那只是一种雇兵与佣兵，而且所雇佣的又全是异族胡人。其后藩镇作乱，不服从中央命令，中央只有少许彍骑，无奈之何。循至全国各地多半尽成为藩镇。唐没以后，继之以五代十国，此为中国历史上一段最黑暗时代，其实则只是唐代藩镇之变相。

宋代开国，上承唐末五代积弊，都是些雇佣兵，以兵为生，入伍后更不退伍，多半是老兵羸卒，否则是骄兵悍卒，或是羸老骄悍兼而有之。御外侮不足，煽内讧有余。那时有厢军、禁军。厢军是地方兵，只堪充杂役。禁军是中央军，轮任边防，乃由厢军中挑选精壮而来。实则只是五十步与百步。宋代养兵不能用，积贫积弱，社会贱视军人，乃有"好铁不打钉，好男不当兵"之俗谚。重文轻武，成为当时风尚。最先有辽，盘踞中国东北。燕云十六州，自五代时即沦陷。宋代迄未恢复。次之有金，割去了黄河流域。最后有蒙古，吞噬了全中国。

辽、金、元，都是部族兵。在元代，中国人连厨房菜刀也得几家合用一把，野外行猎亦禁止不许。但不到一百年，蒙古政权终于被驱逐。明代有卫所兵，仿效唐之府兵，寓兵于农，国家不费一文钱养兵，而武功亦跨越汉唐。

清代亦为部族兵，当时称八旗。亦有汉军旗，后来称绿营。其实清代入关后武功多赖绿营民。待后绿营也如八旗般腐化了。中叶以后始有乡兵，平定川、楚教匪，湘军、淮军，平定洪、杨与捻匪。此等皆是乡兵。湘军指挥有人，功成即退归乡里。而淮军遂递传而为民国后之北洋军阀，分省割据，为民初政治上一大阻碍。

中山先生黄埔练军，最先是北伐完成统一，继之是八年对日抗战。来台以后，始有义务兵役，达到全国皆兵之理想。当前统一国家的大任，则寄托在陆海空三军之肩膀上。

（三）

今再通观全史，可见军人之在国家社会，乃系一种义务，非职业。非为谋生，乃为服务。非取于人，乃以献于人。其最高表现，乃为献身国家民族，至于肝脑涂地而不惜。"兵役"二字，乃自古有之。

募兵制之最大弊病，在使人以从军为一谋生职业。试问岂应以贡献生命为谋生之职业？又岂应以杀人为谋生之职业？军人教育本为人类教育中一项最具崇高理想、最富伟大精神之教育。今若行使募兵制，则此种理想与精神将无可表现。历史上如东晋之北府兵，亦系募兵制，实出不得已。淝水之战虽著功绩，自刘裕率之北伐以后，此一军队即渐变质。要之，此种军队可暂不可久，不可以为定制。宋代之募兵制，实当悬为炯戒。目前如美国青年怕当兵役，此亦是美国社会精神堕落一预兆。若在国家民族遇不得已时而有募兵，此乃成为一种义勇兵，与法定募兵制不同。如黄埔军校，何尝不出于应募，而来者本于义勇，又兼之以一种精神教育，故其功绩表现乃能远出如东晋北府兵之上。最近美国社会亦有倡为将来当改义务兵役为募兵制之意见，此中得失，实尚待更深之研讨。

其次当知军中立功乃属一大荣誉。在中国历史上，如汉代之封侯，唐代之赐勋，皆是军人荣誉所应得。唯虽封侯赐爵，皆不得掌政权。唐代有所谓"出将入相"，乃自以人选而入相，不以为军功之酬庸。唯唐代节度使兼综治民、理财、统军三职，遂贻历史上以大祸害。

又军官不得以军队为自己势力。将在外，君命有所不受，乃为战事，不关政治。如唐代之节度使，乃及清末民初之督军，皆凭军队私势力造成军阀割据；而唐末以及清末民初，亦同为中国历史上最大之灾祸时期。

更要者，在一个健全的文化体系之下，文武不该歧视。更不当重文而轻武。在中国历史上，宋代矫枉过正，始有重文轻武之病。然如韩琦、范仲淹，皆以文臣膺疆寄，而狄青因隶军籍，遂不获大用，论者惜之。其他中国史上历代皆有文武全才，文臣能治军、能武事者指不胜屈。政府武职，皆由文人管理。故中国传统文化得成为一最健全最坚韧之文化，其文武并重与文武兼通之风气，亦为一要因。

诸位稍治中国史，便知目前政府革新军政，其中好多项目，乃是文化复兴，非尽模袭西方。近代西方军政方面亦颇有与中国历史相通相合之处，然此等处，中国至少已在一千年前已超越了西方。

今天我们军人好学，更为中国历史上传统一美德。我此番讲演，希望能激起诸位莫忘了我们自己文化传统下之军人美德，又莫忘了我们自己历史传统下之军人荣誉。中国古人又说："明耻教战""两军相交，哀者必胜"。同时更希望诸位也莫忘了我们国家民族当前的地位，要以毋忘在莒之心情，努力在此艰巨时代下为国争光。

十二　历史上之人与事与理

（一）

今天的讲题是"历史上之人与事与理"。

历史就是人事记载，事由人为，人则后浪逐前浪，一个时代与一个时代不同。事亦然，因此说历史不重演。但事必有理，理寓事中，事不同而理则同。如苹果落地，苹果各有不同，苹果所落的时与地亦不同，而苹果落地之理则无不同。唯事易见而理难明。大而至于国家兴衰、民族存亡，散而成为政治、军事、外交、经济、教育，乃及学术文艺等各项工作，远而溯及千万年之上，近而及于眼前当身，形形色色，林林总总，莫非事，即莫非史。而每一事之背后则必有人。人生不过百年，一代代新人替换，事变不停续发，历史也就不断开新。亦有明属一事而不易见其为一事，亦有事虽易见而事中所寓之理则不易知。抑且事与事间实无界隔，此事可通那事，此时直透那时。一部历史，过去、现在、将来，错综复杂，其实会通而观，则只是一大事。人人在此一大事中。事与事相涵，人与人相合。人无终极，事无终极。一部历史只成一大传统。抽刀划水水不断，前有千古，后有千古。

如我们在此讲堂讲此题目，过去的实未过去，未来的却已来到。如目前讲了三分钟，其实三分钟所讲并未过去，若过去不存在了，试问下面又从何讲起。故知过去实未过去，而未来实已来到。诸位虽未知我下面将讲些什么，而我则成竹在胸，早已有了腹稿，下面定会如此讲。所以历史上过去的不一定过去，其实还存在。而历史上未来的也不一定未来，可能是早已来到。全部历史则成为一大现在，我们正当把握此现在，不断地去奋斗创新。

普通认为过去事可知，未来事不可知，其实不尽然。如今讲堂桌上放此茶杯，不知何时何人在此放上，在我说来却不易知。此茶为我而设，我渴时可饮，饮后可以解渴，在我说来却极易知。又如我在此讲话，如何发心决定讲此题，那时心境已如泥牛入海，浑化无迹，在我此刻却成为不易知。但此下将讲些什么，则此刻已定，断然可知。

我们也可说，事不可知，而理则必可知。诸位当先具有一信仰，即天地间任何事都离不了有一理。诸位当坚信，天地间无无理之事。合理则事成，失理即事败。理属公，欲属私。存了私欲，即昧了公理。欲合理，则所欲亦是公，而事必成。欲违理，则所欲只是私，而事必败。此理此事则断然可知。若理不存在，或有不信，则一切历史将无可说。

所谓历史人物，必然是一个能合理行事之人物。有如此人物，始能负起历史上所赋予的使命。我们当要有此智慧，有此胸襟与抱负。不合理的人物，则只能来使历史黑暗，甚至毁灭，使历史失其存在。

（二）

历史上有常然、必然、当然、偶然、或然的事与理。理有两方面：一物理，为自然之理。一伦理，为人事之理。如日出日落，春夏秋冬，是常然必然之理，我们亦称之为自然，此乃物理。人亦是自然中一物，如饥必食，渴必饮，各人必求保护其各自之生命，此亦自然之理。但自然之理之外尚有人事之理，人事都起于人之欲。有生之物皆有欲。人亦然，而更甚。理欲对立，而理中无欲。如上帝主宰，如太阳运行，此皆有理而无欲。无生物一顺自然，此亦有理无欲。有生物则各有一生命欲，然适者则存，是即合理则得生，背理则必亡。人不能无欲，有生物中唯人之欲最多。如想吃鱼，又想吃熊掌，欲多了，不可兼得，当知挑选。吃鱼省钱，吃熊掌费钱；吃鱼易消化，吃熊掌不易消化。此等尚易挑选得宜。如你想当大总统，抑或想做皇帝，挑选便不易。法国的拿破仑，中国民初的袁世凯，皆曾对此经过了挑选。

历史上的得失成败，兴衰治乱，皆由人类内心理与欲之分合之分数多少而判，此乃人类历史一条不可易的铁律。有人不知此铁律，或不信此铁律。中国古人，因其最精通历史人事，故最能看重此一铁律之存在。理属自然，如天所命，故曰天理。欲则起自人生，由人所出，故曰人欲。中国古人极严天理人欲之辨，但近代中国人则多不信此，说人欲便是天理，哪有外于人欲之天理。则试问袁世凯洪宪称帝，论其内心，究当如何说？若如中国古人说，此乃人欲非天理，岂不直截了当，明白确切，深入浅出，人人易知吗？

历史是否有命定？若专由理言，则历史有必然性，是命定的。因世界无无理之事，无理之事不得存在。故历史演进则必然是合理的，亦可说是命定的。但理可以规定一切，范围一切，故事有常然与必然。而从另一面讲，理似不能推动一切，停止一切，至少从人事上讲是如此。推动与停止皆由人，故事有偶然与或然。袁世凯正式宣誓当了中华民国第一任大总统，忽然又想当起皇帝来，有此事，无此理，此乃一种偶然，非必然。若纯从历史事件看，只就其表现在外面的来看，则历史事件一切是偶然，无必然。因理虽必然，而事则由人。人抱私欲，可以不必然。所以历史上有种种得失成败与兴衰治乱，而求其所以然之理，则只一无二。

所以人该能知事明理来自导其欲，使其所欲必当于理而无违无背，于是在人事上乃有一当然，中国古人称之为"尽人道"。但人道尽了，人事则仍无必然。如当时国父孙中山先生把总统位让给了袁世凯，也只是尽人道而已。此后之洪宪称帝，中山先生实也不能预知，而且也无从斡旋。就军事学上讲，则先为不可胜，以待敌之可胜。因我之不可胜掌握在己，而敌之可胜则其权在人，如是则只有"待"之一法。

（三）

因此论历史人物，又该注意到历史时代。只有少数人卓然杰出，能开创出一新时代，主持一新局面，斡旋一新事业，此在政治学术皆然。此乃有了人物而始有此时代者。如中山先生之创建中华民国，可为有此人物乃有此时代之例。其他历史人物，则多为历史时代所囿，即如中山先生同时，如康有为之主张保皇，袁世凯之帝制自娱，虽其间亦有不同，要之其为时代所囿则同。

人物有时扭转不过此时代，孔子亦叹"道之不行"而归之于天，此处所谓天，实即指当时之历史时代。故孔子教人知天命。时代不可为，而圣人仍必有为，故曰"知其不可为而为之"。其不可为乃属于历史时代，乃天命。其仍必有为，乃属人之使命，亦仍是天命。人事无必然，此即历史之不能有必然。而天理则有必然。即使是一圣人，遵天行道，终不能要外面没有不可知之事来相干扰，故曰"尽人事"，尽其在我之可知，留其不可知以待之天。当知常然中有理，偶然、或然中亦有理。孔子大圣，纵不能扭转其当身春秋时代之一切，以符其所理想。但孔子终成为一历史最大人物中之标准与榜样。只要人类历史存在，则孔子亦必与历史同存，永不褪色，永不黯淡。

再论历史事件，当知每一事件有其内在之情与其外在之势。情指其事之内涵意义，势指其事之外形方面之过程与趋向。若我们专从事之外面看，则不见其事之情。若我们专从事之目前与近处看，则不见其事有一势所必至之终极阶段。骤然看来，一切事都由于人之欲望而产生，但人之欲望实极有限，不能包括了天地自然之一切。最要者，天地自然中有理，若欲而违背了此自然之理，即消失，即灭亡，无可幸免。故论事之情，人之欲望固占其重要分量，但论事之势，则理为之主。历史中一切事件，有情必有理。不能只说有情没有理，人的欲望便可单独决定了一切。历史究以理为主宰。理中亦可有情，情与理之离合，应评其分数。由人之欲望而生事业，事业即成历史。理之缺点，在其不能推动，不能开创。理只能在事的外面做决定。事的里面，则由人来做决定。所以人应知事明理，使一切事情存势定，而到达一终极之目标。

（四）

现在再讲到理，西方长处，在自然科学，即自然之理之一面。中国人重视历史，即人事之理之一面。自然之理较单纯而少变，人事之理则复杂而多变。中国广土众民，历史绵延达于五千年之久，故中国人对人事之理独能深入而得其微妙之所在。西力东渐，乃挟其一种资本主义与帝国主义之混合力量而俱来。中国人根据自己以往历史传统之人事经验与道德观点，早知西方力量中毛病多。但迭遭挫败之余，震于当前，惑于亲受，认为西方力量乃是一种不可抗御、不可逆犯的力量，而不知其势之终为不可久。或则识其情，或则昧其势，故中国人在民国前后对西方看法有不同。但当知，未必民国后所见全是，而民国前所见全非。如义和团，最先认为他们愚昧无知，稍后又认为他们有民族精神，此两观点，亦复各有是处。但只具一种精神而愚昧无知，固是要不得；力求理智而精神全丧，亦是要不得。

上面所讲理与欲，理属天，故称天理；欲在人，故称人欲。双方亦该兼顾。须是天人不相胜，而达于天人合一之境界，此则须在分数上斟酌，而求其恰到好处则甚难。中山先生说知难行易，此便是其例。

西方人太重在探求物理，却不能深明事理。他们认为智识即是权力，提高欲望可以刺激前进。凭其富强可以宰制世界，无往不利。对外则灭人之国，亡人之种，扩展殖民地，漫无止境。知有己而不知有人。结果对内引起了大战争，第一次、第二次世界大战以迄今日，似尚不知彻底悔悟，其危害自身亦将不见所底止。

至于自然科学家，则认为可以征服自然，又不知人类本身亦即在自然之内，人不能胜自己方面此一小自然，又如何能胜此小自然之外之大自然。

西方思想，似乎是只重向外，向外则只凭力量。此一观点最要不得。由中国古人看来，只是一霸道。中国传统文化则是一王道。王道可大可久，霸道则终必覆灭。此乃中国古人所发明的一条历史大原则，西方人不易了解，不易接受。这也罢了。但今天的中国人亦同样不了解，甚至说中国不亡是无天理。近代唯有中山先生一人巨眼深识，重再提出此王道霸道之辨。此实是一条历史真理、人道真理，颠扑不破，值得我们来仔细探讨，仔细发扬。

（五）

今天我们中国人中间也还有少数只论事，不知其求事之情与势，更不论其事背后之理。听了外国人话，自生疑惑，自生摇动，于理与势仍不能抱有坚定之信心。此在我们各自深深反省，我们今天之大使命、大责任，乃在统一国家与"文化复兴"之两大事业上，实是不待辩论而已定，不待蓍卜而可知。

但我们要向此迈前，则只能靠人力和人事，不能靠天理与天命。若不善尽人事，则历史到底非命定，下面如何，我们终于不可知。举历史旧例言之，夏桀必亡是可知，若当时无一个商汤，则在中国历史上也可不见有商朝。商纣必亡是可知，若当时没有周武王与周公旦，下面是否会有像如今历史上的一个西周，其事也难定。即言近代史，清朝必亡是可知，若当时无孙中山先生，此下也就不定如此刻之有中华民国之诞生。

历史只是一种人事记载，人事背后必然有一天理寓在其中，但不能只有天理无人事。天理只能限制人事，规范人事。只有人事可以表显天理，领导天理。历史须求天人不相胜，而循至于天人合一。不能有天而无人，亦不能有人而无天。人之能事，在能先天而得天时，后天而奉天道。历史由人来创造。

图书在版编目（CIP）数据

中华文化十二讲 / 钱穆著 .-- 长沙：岳麓书社，
2024.10.-- ISBN 978-7-5538-2138-2

Ⅰ．K203

中国国家版本馆 CIP 数据核字第 2024K7C569 号

ZHONGHUA WENHUA SHIER JIANG
中华文化十二讲

著　　者：钱　穆
责任编辑：丁　利
监　　制：秦　青
策划编辑：康晓硕
特约编辑：盛　柔
版权支持：辛　艳　张雪珂
营销编辑：柯慧萍
封面设计：利　锐
版式设计：李　洁
内文排版：谢　彬
岳麓书社出版
地址：湖南省长沙市爱民路 47 号
直销电话：0731-88804152　88885616
邮编：410006
2024 年 10 月第 1 版　2024 年 10 月第 1 次印刷
开本．875 mm × 1230 mm　1/32
印张：5.5
字数：118 千字
书号：ISBN 978-7-5538-2138-2
定价：39.80 元
承印：三河市百盛印装有限公司

若有质量问题，请致电质量监督电话：010-59096394
团购电话：010-59320018